だいわ文庫

「自分が正義」の人に振り回されない方法

片田珠美

JN151209

大和書房

幸福な人びとはめったに自分の非を改めない。
そして運が彼らの悪行を支えているに過ぎない時でも、
きまって自分は正しいのだと信じている。

――『ラ・ロシュフコー箴言集』（二宮フサ訳／岩波文庫）より

はじめに
自分のことは棚に上げて、すぐに他人を非難する人たち

世の中には「自分が絶対正しい」と思い込み、周囲の意見などまるで聞かない人が本当に大勢います。

・「自分の意見が正しいんだ！」という主張を変えず、部下の話などまるで聞かない上司
・何でもすぐに「他人のせい」「周りのせい」にして「自分が悪いのかも……」とは微塵《みじん》も思わない友人
・「自分は常識人」と思い込み、価値観が合わないと「あの人は非常識だよね」「モラルがない」と文句を言う人

・自分の知識や経験だけが「正しい」と信じ込み、他人が持ってきた情報や意見には「それって違うよ」「本当はそうじゃないんだよ」と上から目線で否定する人

……など、例を挙げればキリがないほど、世間は「自分が絶対正しい」と主張する人たちであふれかえっています。きっとあなたの周りにも、そんな困った存在がいくらでもいるのではないでしょうか。

「自分が絶対正しい」と主張し、他人を振り回す〝加害者〟がたくさんいれば、当然のごとく、その〝被害者〟も大勢います。

もしかしたら、あなたの上司も「自分が絶対正しい」「オレの言う通りにしていれば間違いない！」と思い込んでいるタイプではないでしょうか。

この手の上司には「○○という理由で、そのやり方はうまくいかないんです」「もっとこういう方法もあります」などと進言しても、まるで聞く耳を持ってもらえません。

結局は上司の言う通りにやることになるものの、本当の問題はここからです。

そのやり方で成功したときは特に問題ないのですが、**もし失敗でもしようものなら、上司の態度は一変します。**

「自分が絶対正しい」と主張する人は、そもそも「自分は正しい」のですから、自らの失敗を認めたりはしません。

「オレはそんなことを言った覚えはない！」「そういう意味で言ったんじゃない」などと常人には信じられないような態度でしらばっくれて、挙げ句の果てには「自分のミスを人のせいにするな！」「言い訳するヤツが一番嫌いだ」などと逆に説教を始める人も少なくありません。

とはいえ、相手が上司ではどうすることもできず、**結局はあなたが失敗の責任を負うという結果になってしまう**のです。

事実、そんな上司との関係に悩み、精神的な問題を抱えるようになって、私のところへ診療に来た人はこれまで何人もいます。

「自分が絶対正しい」という人たちは、往々にして「自分に甘く、他人に厳しい」ので周囲は本当に迷惑します。

私が通っているスポーツジムにもまさにこのタイプがいて、ジムで禁じられている「シャワールームで髪を染める」「更衣室に水着を干す」などの禁止行為をする人を発見すると、「あの人は本当にモラルがない！」「あんなに非常識で恥ずかしくないのかしら……」と徹底的に攻撃します。

ところが、その人自身が「サウナ室では、他人の迷惑になるので横たわったり、寝転んだりしないでください！」という張り紙の前で思いっきり横になっているのです。その姿は、ほとんどコントにしか見えません。

張り紙の前で寝っ転がって「あの人は非常識だ！」「マナーがない！」なんて悪口を言っているので、「あなたこそ恥ずかしくないの？」と言いたくなるものですが、本人にはまるでその気がないのです。

きっとあなたの周りにも「自分のことは棚に上げて、他人を非難してばかりいる人」が少なからずいるでしょう。

そのほか「自分が絶対正しい」と主張する人のなかには、さまざまなタイプ、ケースがありますが、そんな**困った存在と「どのように向き合い、対処すればいいのか」**を解説するのが本書の目的です。

そんな迷惑な存在には近寄らないのが一番ですが、仕事の関係者、友だちづきあい、ご近所のコミュニティなど「嫌でも、近づかざるを得ない」という方が多いでしょう。

そんなとき、あなた自身が被害者にならない（あるいは被害を最小限に抑える）ためにも、「自分が絶対正しい」と主張する人に関する「知識」「考え方」「具体的な対応策」を知っておかなければならないのです。

視点を加害者から被害者に移してみましょう。

そもそも「自分が絶対正しい」と思っている人の被害者になりやすいのはどんな人でしょうか。

一言で言うなら、それは「いい人」です。素直で純粋、他人に親切で、相手に気を遣うタイプ。真面目で、責任感が強い人も被害者になりやすいでしょう。

たいてい「いい人」というのは、相手の言うことを信じやすく「ちょっと違うんじゃないかな……」と心の中で思っても、「○○さんの言うことなんだから、きっと間違いないだろう」と相手を尊重してしまいます。

普通に考えれば、それはすばらしい人柄、人格です。

しかし、そんな**「いい人」ほど、「自分が絶対正しい」と主張する人にとっては恰好の餌食《えじき》になってしまいます**。

残念ながら、「いい人」では世の中渡っていけないのです。

そこで、本書では「ちょっとだけ悪人になってみよう」と提案します。これまでの「純粋でいい人」から、ちょっとだけ悪人の要素を入れて「プチ悪人」になるのです。

〝ちょっとだけ〟疑いの目を持ってみる

〝ちょっとだけ〟相手の裏を探ってみる
〝ちょっとだけ〟反論してみる
〝ちょっとだけ〟上から目線で相手を見る
〝ちょっとだけ〟小馬鹿にしてみる

など、本当に些細《ささい》でいいので「イジワルで、悪人の要素」を心に持つと、モノの見方・感じ方が変わり、コミュニケーションの仕方も変わってきます。

これまでは「腹が立つだけ」だった上司や同僚、友人に対しても、上から目線でちょっと小馬鹿にする視点を持つと「けっこう笑える存在」になったりします。

あるいは、「ちょっとだけ反論する」というコミュニケーションを身につければ、相手があなたについて抱く印象は、**「何でも自分の言う通りになる存在」**から**「ちょっとやっかいな相手」へと変わる**でしょう。このちょっとした変化が大事なのです。

そしてもう一つ。プチ悪人になるにあたって、ぜひともやってほしいのが**「分析ぐ**

せをつける」ということです。

この先、本書では「自分が絶対正しいと思っている人にはこんなタイプがいる」「こんな行動パターンを取る」「心の奥底にはこんな心理が隠れている」という心理学的な事実や日常的に起こっている事例、サンプルをたくさん提示していきます。

なぜ、そんなパターンや事例をたくさん知ってほしいかといえば、日常生活のなかであなたに「分析ぐせ」をつけてほしいからです。

たとえば、本書では『否認型《ひにん》』というものについて解説します。端的に言うと、「自分に非があるからこそ、相手の問題点を過剰に攻撃する」というタイプです。

こうした「否認型というタイプがある」ということをあなたに知ってもらい、その知識と情報をもとに、実生活のなかで相手のことを分析しまくってほしいのです。

部下のミスに対し、過剰に怒鳴りつける上司に出会ったときには、

「あれ、この人、自分に非があることを知っていて、それを否認するために攻撃的になってるな……」

と相手のことを分析目線で観察するのです。

じつは、この「冷静かつ客観的に分析をする」という行為が、あなたのメンタルを守る上で、とても大事になってきます。

はっきり言って、「自分が絶対正しいんだ！」と激昂《げっこう》している人に何を言っても無駄です。

ただし、相手の怒りをそのまま受け止めてしまうと、あなた自身も落ち込んで、精神的なダメージを受けてしまいます。

あるいは、「アンタにだって責任はあるだろ！」という怒りが沸々とわき上がってくることもあるでしょうが、そういう場合も結局はあなた自身がストレスを抱え込んでしまうのです。

そうならない方法として、オススメなのが「分析ぐせをつける」ことです。

どんなに相手が怒り狂っていたとしても、**「ああ、この上司は否認型で、自分に非があることを追及されたくないから、過剰に怒っちゃってるんだなぁ……」**と冷静かつ客観的に相手を観察するのです。

そうやって分析思考になれた瞬間から、あなたの感情は落ち着いてきますし、メンタル的なダメージをかなり軽減することができます。

本書ではそのほかにも具体的な方法をたくさん紹介していきますが、絶対に忘れてほしくないポイントはやはり次の二つです。

①プチ悪人になること
②分析ぐせをつけること

これを実践できるようになれば、「自分が絶対正しい」と主張する人の被害者にならずに済みます。

そのために必要な「知識」「考え方」「対処法」などを豊富な事例を挙げながら紹介していきます。

「いるいる、そういう人！」「あるある、そういうケース！」と楽しんで読みながら、あなたも「プチ悪人」になって「分析ぐせ」をつけてください。

間違いなく、相手を見る目が変わっていくでしょう。

「自分が正義」の人に振り回されない方法　目次

第2章▼「自分が正義」の人は、こうして周りを振り回す

第3章 ▼ "標的"となる人が、今すぐ気づくべき弱点

第4章 ▼ 「振り回されない人」になる方法

第5章▼あなたの中に潜む「自分が正義」と思う十五の条件

第1章

▼

「自分が正義」と思っている人の三タイプ

1▼自分のメリットを最大化しようとする『利得型』

自らの損得で動く単純明快なパターン

「自分が絶対正しい」と思っている人のなかで何よりも先に紹介するのは、とにかく自分のメリットを最大化しようとする『利得《りとく》型』です。

非常に迷惑であることはたしかですが、ある意味、もっともわかりやすいタイプと言うこともできます。

たとえば、有名店であなたが行列に並んでいるとき、あなたの前のおばさんが「○○さ〜ん、こっちこっち！」と言って、友人を四人も五人も列に入れてしまったとしましょう。

普通なら「みんな並んで待っているんだから、そんな大人数を前に入れちゃうなんておかしいでしょ」と思うところですが、そのおばさんにしてみれば「私は並んでたんだからいいでしょ！」「別に間違ってないでしょ！」という論法なわけです。

これなどはあきらかに「自分のメリットを守るため」の行動です。

そのような人に「四人も五人も列に入れちゃうなんて、非常識じゃないですか！」と注意でもしようものなら、

「じゃあ、いったい何人だったらいいんですか？」
「友だちを列に入れちゃいけないってルールで決まってるの？」
「どこかにそう書いてあるわけ？」

と、猛烈な反論が返ってくるでしょう。

このように利得型は**自分のメリットにとても敏感で、「損か、得か」しか考えず、自分が損をする（あるいは、得をできない）となると徹底的に攻撃します。**

理屈、常識、マナーなんてものが通用する相手ではないのです。

得意技は「怒って周りに言うことをきかせる」こと

利得型に限らず「自分が絶対正しい」と思っている人たちは一様にそうですが、「それが本当に正しいのか」「説得力があるのか」「根拠があるのか」なんてところは飛ばしてガンガン主張してくるので、対処するほうは困ってしまいます。

なかでも利得型は「こうなれば自分に大きなメリットがある」という部分について、**手段を選ばず、やりたい放題で意見を主張してくる傾向が強い**と言えます。

きっとあなたの周りにも「自分の意見を通すために、すぐに怒る」という人が一人や二人いるはずです。

これはまさに利得型の得意パターン。

彼ら、彼女らは「怒れば周りが言うことをきく」ということを経験的に知っているのです。

非常に困ったタイプではありますが、特に日本人は「怒っている人と口論してまで、自分の主張を通す」ということをしない傾向が強いですから、このタイプにはじつに住みやすいコミュニティなのです。
「これはオレのものだ！」「この席はもともと私が取っていたのよ！」と怒って、怒鳴れば、たいてい自分のものになります。レストランでも、ホテルでも「どうしてこんなことができないんだ！」「オレはこんなにも困ってるんだ！」と大きな声で文句を言えば、それなりに丁重に扱ってくれます。

以前、あるレストランで「店員の態度が悪い！」と文句をつけている人を見かけたことがあります。

少し耳を傾けてみると結局、その人も「店員は自分に対してもっと丁寧な対応をするのが当たり前だ」「それがオマエの仕事だろう！」という「自分なりの正しさ」を強く主張していたわけです。

私が見る限り、怒鳴りつけるほどひどい対応だったとは思いませんが、「自分が絶対正しい」と思っている人にとって、そんな理屈、事実、一般常識は通用しません。

結局、店長が謝罪に来て、ワインを無料でサービスしてもらっていました。

ここでもまた、その人に利得があったというわけです。

もちろん、この人だって最初から「ワイン狙いでクレームをつけた」というわけではないでしょうが、利得型にしてみれば「してやったり」というところです。

こうして、この人は**「ごねれば得をする」という成功体験を得て、ますます利得型の行動パターンに拍車がかかる**のです。

無自覚に責任を押しつけてくる上司

自分のミスは部下のせいにして、部下の成功は自分の手柄にする。

そんな困った上司がどこの会社にもいるものですが、これも利得型の典型パターンです。

企業向けのシステム開発をしている会社では、とあるクライアントに提出する資料の数字が間違っていたため、先方からたいへんなクレームをつけられたことがあったそうです。

もちろん、その本人にも落ち度はありました。

しかし、そもそもその書類は上司の指示でつくったもので、上司から与えられた資料の数字自体が間違っていたために起こった問題です。

加えて、出来上がった資料は上司にもチェックしてもらっていて、「これで大丈夫！」というお墨付きを得た上で先方に送ったものでした。

ところが、いざ問題が露見すると、上司から「そんな細かい数字は、君がチェックするのが当然だろう」「資料を鵜呑《うの》みにして、詳細に確認をしないまま書面にするバカがどこにいるんだ！」と怒られ、全面的に責任をなすりつけられてしまいました。

ひどい上司ですが、どんな会社でもよく聞く話ではないでしょうか。

この上司の場合、「自分にも非があるから、余計に攻撃的になっている」という、後で紹介する否認型の傾向も多分に入っているのですが、何よりもまず**「自分のミスにされたくない」「自分の身を守りたい」という利得**が潜んでいます。

心の底から「自分は間違ってない」と主張

利得型にもじつは二つのタイプがあって、「自分の言っていることは間違っているな」と薄々感じつつも「自分の利得を守ろう」と主張してくるケースもあれば、心の底から「オレは何も間違ってない！」と思い込んでいるケースもあります。

①まともな思考は持ちながらも、「自分を守るため」狡猾《こうかつ》に振る舞うタイプ
②心の底から「自分は正しい」と思い込んでいる、勘違いタイプ

どちらも問題は多いのですが、後者は特にやっかいです。

平気で事実をねじ曲げたり、自分に都合のいい解釈をしたり、過去に自分が言ったことと真逆なことを言ってきたりするのですが、本人には「悪いことをしている」「自分が間違っている」という意識がまったくありません。

そのため、こちらが何を説明しても「言い訳するな」「自分に都合のいいことばか

り話すな」と逆に説教されてしまうのです。

まともな感覚の持ち主からすれば、「よくそんなことが言えるな！」「本気で言っているのか？」と感じるところですが、相手は本心で「自分は間違ってない」と思っているのです。


具体的な対処法については後の章で詳しく触れますが、**利得型のなかには「無自覚でやっている人も多い」**ということは、ぜひとも頭のなかに入れておいてください。

そして残念ながら、「無自覚で利得型に徹することができる人」は、大きな組織のなかでは出世しやすいタイプでもあります。

部下の手柄は自分のものにしてしまうし、自分のミスは部下に押しつける。

そんなことを「何の疑いもなく」「良心の呵責《かしやく》もなく」やってのけてしまうのですから、組織のなかで出世するのもうなずけます。

そもそも、部下の責任と本気で思い込んでいるので、良心が痛むはずはないのですが。

困ったものですが、実際に存在するのだから、仕方がありません。

「あなたのために言っている」には要注意！

利得型のなかには、善人の仮面をかぶっているようなタイプもけっこう潜んでいるので要注意です。

顕著な例は「あなたのために言っている」と言いながら、自分の利益をしっかり確保するタイプ。

親子の関係でも、「あなたのために……」と言いながら、実際には親自身の体面を保つ、あるいは虚栄心を満たすために言っているケースはよくあります。

上司や先輩でも「あなたのために……」「お前自身の将来のために……」という言葉をしばしば用いる人がいますが、そのフレーズが出てきたときには「それって本当に私のため？」「あなたの得のためじゃないの？」という疑いの目を（ちょっとでいいので）向けてみてください。

もちろん、なかには本当に「自分のためにを言ってくれている」人も大勢いるのですが、「自分が絶対正しい」と思っている人の被害者になりやすいのは、得てして素直で、従順で、純真無垢《むく》なタイプ。

つまり、「あなたのために言っている」と言われると、つい「そうか、この人は自分のために言ってくれているんだ」「なんていい人なんだ」と思い込んでしまうタイプが被害者になりやすいわけです。

だからこそ私は、「そんな人たちに振り回されない」「被害者にならない」ためにも、ちょっとは「疑いの目」を向けることが必要だと訴えているのです。

あなたが思っている以上に、**人は自身の利得を大事にするものですし、そのために善人の仮面をかぶっているケースもたくさんあります。**

「あなたのために言っている」と言われた場合は、「本当に自分のためになる」という部分は素直に聞き入れて、「ここは、向こうの利得が大きく絡んでいるなぁ」と感じるところは遠慮なくスルーする。そんな意識が必要です。

それは相手が親であっても、上司であっても、友人であっても同じことです。

2▼自分の価値を高めるのに必死な『自己愛型』

プライドばかりで実力も人望も不足

「自分が絶対正しい」と思っている人のなかで、次に紹介するのは『自己愛型』です。

このタイプの特徴は、とにかく自分の価値を高め、「私はあなたより優れている」と主張するために、自分の正しさをグイグイ押してくるところです。

会議の席で自分の意見に誰かが反対したとしましょう。

こんなとき自己愛型は「自分のすべてが否定された」「自分が劣っていると思われる」「自己愛が傷つけられた」と心の底で強く感じ、徹底抗戦に出てきます。

自己愛を守るために、「自分が絶対正しい」という牙城《がじょう》を崩されるわけにはいかな

いからです。

あなたの周りにもたくさんいるのではないでしょうか。

たとえば、ビジネスの分野では、同族経営の二代目社長にこういうタイプが多いように見えます。

創業社長の跡継ぎとして会社を継いでしまった場合、親に比べて実力や経験が不足しているにもかかわらず、プライドだけは高くて、自分が軽んじられるのが何よりも許せないという人がいるのです。

そんなタイプは自己愛型になりやすく、自分の意見が通らなかったり、自分より優秀な存在が出てきたりすると、途端に不機嫌になります。そして、自分がいかに優秀であるか、ひいては自分がいかに正しいかをことさらに主張します。

それでいて相手は社長ですから、周囲の人たちもそうそう反対意見は言えません。

そのため、心のなかでは不満に感じながらも、結局は社長の言う通りにしてしまう。

結果として、本人はますます増長し、「自分が絶対正しい」と思い込むようになるという悪循環に入っていくわけです。

二代目社長に限らず、**実力や人望がないのに役職だけが上がってしまった人は、このパターンに陥《おちい》りがち**です。

彼らは「オレはこんなにスゴイんだぞ！」「私にはこんなに力があるのよ！」とアピールせずにはいられないのです。

もちろん、これは本物の自信がなく「不安でいっぱい」という気持ちの裏返しなのですが、それこそまさに自己愛型の特徴。

どんな組織にも必ずいるタイプではないでしょうか。

知識不足を指摘されたのは許せない

ある年配の医師がいたのですが、彼などは自己愛型の典型でした。

それなりに高名な先生なのですが、とにかくプライドが高く、他人に何か指摘されても、それを受け入れることがまったくできません。

あるとき、その先生が古いタイプの抗生物質を使用していたことがあって、そのことを若い医師が「先生、その抗生物質ではもう耐性ができていて効かないんじゃないでしょうか」と指摘したことがありました。

客観的に見て若い医師の言う通りなのですが、年配の医師は烈火のごとく怒り出しました。

「オマエのような若造に、いったい何がわかる⁉」「私は感染症が猛威をふるっていた時代からずっと医者をやってるんだぞ！」と、周囲が引いていくほど怒鳴り散らしたのです。

その年配の医師は長年開業しており、研究から遠ざかっていたせいもあって、新しい知識が乏しかったのでしょう。

しかし、その知識不足を指摘されたことで「自分が否定された」「自己愛が傷つけられた」と感じ、攻撃的になってしまったのです。

自分の弱いところを突かれると、それを否定したいがために攻撃的になるのは、次の項目で紹介する『否認型』の特徴です。ただ、自己愛型も、「自分の価値を貶《おとし》められるのが我慢ならない」がゆえに否認することは少なくありません。

「すっぱいブドウと甘いレモン」理論

心理学では「すっぱいブドウと甘いレモン」という表現がよく使われます。

他人がブドウを持っていると、「どうせあのブドウはすっぱいに決まっている」と相手の所有物の価値を否定する一方で、自分が持っているレモンは「甘くておいしい」と**自己肯定的に思い込む心理状態**を示したものです。

すでに紹介した年配の医師の話でもわかる通り、年長者やベテランほど「自分は経験豊富だ」というプライドを強く持っているものです。「経験こそすべて」という考え方です。

経験に価値があるのは紛れもない事実ですが、「自分が絶対正しい」と思っている人ほど、「経験がなければ、知識なんて持っていても何の価値もない」という極端な論理を展開するように見受けられます。

自分が持っている経験というレモンは甘いが、若造が持っている知識というブドウはすっぱいに決まっている、という論法です。

「自分の価値が上で、相手が下」という構造をつくりたがるのも自己愛型の際立った特徴です。

この構造はさまざまなケースに当てはまります。たとえば、バリバリ働いている未婚のキャリアウーマンと、結婚して子どもを育てている専業主婦にも、「すっぱいブドウ」と「甘いレモン」という関係は成り立ちます。

キャリアウーマンは、「最近は仕事がたいへんで……」「責任ある立場ともなると、休日だからって休んでいるわけにはいかないからさぁ……」と愚痴《ぐち》を言っているように見せて、じつは「自分の人生は充実している」「社会とつながり、役に立っている」（＝自分の生き方は正しい）と主張していることがよくあります。

一方の専業主婦は、「子育てだってたいへんなのよ！」「外で働いている人だけが活躍しているわけじゃない！」と主張したいし、子どもの写真をブログなどにアップして「自分の人生は充実している」「自分たちは幸せに暮らしている」とアピールしたいわけです。

結局、誰もが「自分は正しい」「自分は幸せだ」と主張したいし、**「あなたの生き方は間違ってない」「あなたはすばらしい」と承認してほしい**のです。

もちろん、これは多かれ少なかれすべての人が持っている感情ですが、「自分の価値を認めてほしい」「他人より優位に立ちたい」という自己愛が強すぎると、「自分が絶対正しい」という歪《ゆが》んだ主張になっていくというわけです。

SNSで「スゴイ体験」を披露する自己愛

自己愛型は「他人より自分が優位でなければならない」というマウンティング心理に陥りがちで、このタイプが複数いるとかなりの確率で自慢合戦になります。

数人が集まったときに、「私は年末にハワイへ行った」という話を誰かがすれば、「そういえば、私が去年の夏にイタリアへ行ったときはね……」

と別の人が話し始め、海外旅行の話題を持っていない人は、「海外でも買えない限定品のブランドバッグを友だちの口利きで買えたのよ」なんて的外れな話を始めることもあります。

こうした自慢合戦こそ、「いかに自分が優れているか」を誇示したいという自己愛の表れ。

ツイッターやフェイスブックなどのSNSに関する話題には後ほど触れますが、「自分がどんなスゴイ経験をしたのか」「どんなおいしい料理を食べたのか」をアピールしたいのは自己愛が強いからです。

同様に「スゴイ人と知り合った」「有名人と友だち」などとことさらに自慢するのも、自己愛の一つの表れです。

権威を借りて自分の価値を底上げしたいと思っているわけです。

これも、誰にでもある程度は見られる傾向です。たとえば私が本を書く際に有名な誰かの言葉を引用するのも、その権威を借りて「より充実した内容にしたい」と底上げを図《はか》っているわけです。

ただ、その「権威を借りて自慢する」という行為も度が過ぎると、自己愛が強く出過ぎて、段々と周囲からひんしゅくを買うようになります。

「高級レストランで食事をした」「有名人と会った」などの話題をSNSにアップするのもいいですが、もしそんな投稿を続けていたら、「あれ、今の私、ちょっと自分好きな感じが出過ぎているのかな……」と振り返ることも、ときには必要かもしれません。

そして、あなたの周りにそういうタイプがいる場合には「あの人は自己愛が出まくってるなぁ」「残念な人だなぁ……」と冷めた目で眺めていればいいと思います。

話を最後まで聞かない人の腹の底

自慢合戦とも通じるのですが、「他人の話を最後まで聞かない」のも自己愛型の特徴の一つです。

あなたの周りにも必ず一人はいるでしょう。

他人の話を最後まで聞かないのは、結局**「自分の意見を言いたくて仕方がない」から**です。

本人はほとんど無自覚のまま、反射的に話し始めてしまうのでしょうが、心の奥底には「自分のほうが正しいことを言う」「自分のほうがおもしろい話をする」「自分の経験談のほうがより価値がある」という思い込みがあります。

「気がついたら、いつもあの人、自分の話をしてるよね」「どんな話も、自分のところへ持っていっちゃうよね」というタイプがあなたの近くにもいるでしょう。

そんな人はまさに自己愛のかたまりなのです。

「前はねぇ……」と転職前の話ばかり

「転職前の職場の話」「前にいた業界の話」ばかりするタイプも、突き詰めれば「自分の価値を高めたい自己愛型」です。

「前の会社では○○だった」「私がいた業界ではそれが常識だった」という具合に、

自分がかつて所属していたコミュニティを持ち出して、現在のコミュニティの未熟さや問題点を指摘する人はけっこういますね。

これも構造は同じで、「自分が正しい」「自分の経験のほうが価値がある」ということをアピールせずにはいられないのです。

そんなにすばらしい会社、業界だったなら「転職なんてしなければよかったのに……」と思うところですが、そんな指摘をしても無駄。

その人はただ「自分はスゴイ経験をしてきた」「あなたたちより、一段上の存在なのだ」と言いたいだけだからです。

しかも、このタイプのなかには「以前の会社ではこういうやり方をしていたから、この会社でも採用すべき」「前の職場でやっていたこの方法が効率的ですよ」などと主張し、転職先の職場のルールややり方を変えようとする人もいます。

ここまでいくと「自己愛＋利得」という感じで「自分のやりやすい方法に変えることで、利得を得よう」という部分が透けて見えてきます。

そのほうが当人は仕事がやりやすいでしょうし、業績も上げやすくなるなどメリットが大きいわけです。

そんな人を見かけたときは、とりあえず「自己愛＋利得のパターンだな」という感じでこっそり分析してください。

「ちょっとだけイジワルな視点」で周囲の人たちの言動を観察してみると、とてもおもしろい個々の思惑《おもわく》が見えてきます。

3▼自分に弱みがあるからこそ、他人を攻撃する『否認型』

妻の浮気を異常なまでに疑う夫の正体

最後に紹介するのは、自分に弱みがあるからこそ、より攻撃的に「自分の正しさ」を主張する『否認型』です。

これは経験的に多くの人が知っていることだと思いますが、そもそも人というのは「自分の弱み」を突かれるとつい感情的になり、相手に対して攻撃的になるものです。

その一歩前の段階として「自分の弱みを突かれる前に、相手を攻撃してしまう」というのが否認型の行動パターン。まさに、攻撃こそ最大の防御なり、というわけです。

自分の側にある「悪」を相手に投影して、自分にはその「悪」がないように見せか

ける。この「投影と否認」は頻繁に用いられる防衛のメカニズムです。

ある女性が、その夫のことで次のように訴えました。

妻の話では、夫が妻の浮気を異常なまでに疑っていて、「この人、ちょっと精神的に問題があるんじゃないか」と不安になったということです。

家にいるときは四六時中妻を監視して、携帯電話も常にチェックしているし、妻が誰かにメールを送ろうとすると、すごく怒る。

妻が外出しようとするときには、「どこへ行くんだ?」「誰と会うんだ?」「何時に帰るんだ?」「そんな外出、する必要ないだろ!」としつこく言い続けるなど、話を聞いているとたしかに異常な部分も見受けられます。

そこで夫に話を聞いたり、心理テストをしたりしていろいろ調べていたのですが、あるとき、その夫と若い女性が腕を組んでホテル街を歩いているのを知り合いが目撃しました。

結論から言うと、その夫は**自分が浮気していた後ろめたさがあって、その裏返しと**

して妻のことを異常なまでに疑っていたわけです。

自分の「浮気願望」という悪を妻に投影して、自分自身の問題には目を向けないという防衛策をとっていたと分析することもできます。

否認型の典型的な行動パターンです。

このように、自分の側に弱点があると、過度に感情的になり、常軌を逸した行動に出ることは少なくありません。

有名な例で言えば、ナチスドイツのヒトラーには「実はユダヤの血が入っているのでは?」という疑惑がありました。

詳しい話は、ドイツ人ジャーナリストのハラルト・シュテファンが書いた『ヒトラーという男』(講談社選書メチエ)で紹介されているので、興味のある方は読んでみてください。

今となってはDNA鑑定もできないので、真偽のほどはわかりませんが、ヒトラー自身が「自分にはユダヤの血が入っているのでは?」という疑念や不安を抱いていたのでしょう。だからこそ、彼は執拗なまでにユダヤ人への迫害を強め、自分の問題を否認し続けたのだという説もあります。

精神科医としては、これはじつに納得のいく話です。

自分のミスを部下のせいにした上司のケースでも見られるように、「完璧に部下が悪い」という場合以上に、「じつは上司にも問題がある」という場合のほうが、よりヒステリックに部下を怒る例は多いように思われます。

保身のために「自分が絶対正しい」と主張するのは、「自分の利得を守る」という心理が働くからでしょう。

しかし、それだけではありません。「悪いのは自分ではなく、相手なんだ！」と強調して「自分の問題を否定したい」という強い防衛本能が反射的に働くことにもよるのです。

「自分の不始末」を指摘されたくないモンスターペアレント

ずいぶんと前から問題視されているモンスターペアレントも、否認型という切り口で眺めてみると、納得のいく場面が多々あります。

仕事柄、私は教育関係者と会う機会が多いのですが、「何でも学校のせいにする」のは、一つには「自分のしつけや家庭教育の不備を突かれたくない」という否認の心理が無意識のうちに作用するからです。


「子どもが勉強しないのは学校のせい」

「成績が上がらないのも学校が悪い」

「ウチの子はそんなひどいことをするような子じゃない」

「だから、学校に問題があるに決まってる」


という主張はもちろんのこと、ひどい親になると「ウチの子は朝、起きられない。それで学校に行けないから、担任の先生は毎日迎えに来てください。学校へ行かせるのも先生の仕事ではないんですか⁉」と真顔で詰め寄ることもあったそうです。

担任の先生にしてみれば、「どこまで学校に頼るつもり？」「それは親の役目でしよ！」と文句の一つも言いたいところですが、その親たちにしてみれば、**「それは親の責任では？」と言われるのが一番避けたい事態**なのです。

問題の本質を突かれたくないばっかりに、「学校が悪い」「先生に問題がある」と徹底的に攻撃せずにはいられないのです。

親に限らず、最近は〝モンスターペイシェント〟というのも大勢いて、私が耳にした例で言うと、「この病院では、いっこうに病気がよくならない」と激しいクレームをつけてきた糖尿病の患者さんがいたそうです。

しかし、相談を受けた医師がその患者さんに話を聞いてみると、食事制限は守らないし、担当医師に指導された運動もロクにせず、「この病院ではダメだ」「こんな薬は効かない」と文句ばかり言っていたというのです。

糖尿病は生活習慣病と言われるだけあって、薬を飲んでいれば完璧に治るというものではありません。

その患者さんも心のなかでは自分の問題に気づいていたのかもしれませんが、「本当の問題に蓋《ふた》をして、否認したい」という思いがあったせいで、他人を攻撃したのでしょう。

そのほか、政治家の答弁なんかを聞いていても、自分に弱みがある人ほど「アンタ、それは問題じゃないか！」「オマエの問題を暴いてやるぞ！」などと激しく攻撃するように見受けられます。

このように投影と否認というのは、どんな人でも持ち合わせている、ごく一般的な防衛メカニズムなのです。

人間に備わっている「快感原則」と「現実原則」

さて、ここで一つ、「自分に非があるからこそ、他人を攻撃する」ような人は「自分の非」がバレたときのことは考えないのか、という疑問が浮かんできます。

普通なら「バレたときのことを考えて、少し攻撃を緩めておこう」とか、「あまり相手を責め立てずに、ここで恩を売っておこう」とか考えそうなものですが、否認型の多くはそうは考えません。

同じような傾向は、「この場にいない人の悪口を言う」「見えを張って、すぐバレる嘘をつく」人などにも見られるのですが、そういった人たちは「バレた後のこと」をまったく考えないのでしょうか。

じつは、これについてフロイトが「快感原則と現実原則」という言葉を使って説明しています。

快感原則とは簡単に言うと、そのとき、その場での快感を優先してしまって、先のことは考えないという心理構造です。一方、現実原則とは、自分の外側にある現実世界に即した判断、ものの考え方をすることです。

フロイトは、人間には、快感原則と現実原則の両方があると説明しています。

つまり、「バレたときのことを考えれば、そんな行動には出ないでしょ！」というのは完全に現実原則に則《そく》した発想であって、**なかには「今の快感を優先し、その場さえなんとか乗り切れればそれでいい」と考える人もいる**ということです。

だからこそ、ちょっと考えればわかるような嘘をついたり、後で周囲からひんしゅくを買うような行動につい出てしまったりするのです。

「自分が絶対正しい」と主張する人のなかにも、この快感原則に従って行動する人がけっこういます。

自分の指示の内容がメールに残っているのに、重要な会議の席で「そんなことを言った覚えはありません」「すべて部下の○○くんの一存でやったことです」などと言うのは、まさにその典型です。

現実原則に則した「まともな人間」からすれば、「よくそんなことが言えるな！」と思うところですが、これもまた誰もが持っている心理構造の一つなのです。

「三つの類型」を使って相手を分析するクセをつける

これまで紹介した『利得型』『自己愛型』『否認型』は、どんな人も「この三タイプにはっきり分類される」というわけではありません。

むしろ「否認＋利得」のように、複数の要素が絡み合っているケースの方が多いでしょう。

とはいえ、この分類法を知っていることで、相手の心情や状況、そして「なぜ、こんな行動に出るのか」「どうして、そんな言い方をするのか」を理解しやすくなることは間違いありません。

ぜひあなたも「自分が絶対正しい」と思っている人の被害者にならないために、冷静で、客観的な「分析ぐせ」をつけてください。

その際には、この三つの分類法が有効なはずです。

「自分が絶対正しい」と強く主張し、あなたに迷惑をかける人がいたら、何よりもまず「ああこの人は利得が強いなぁ」とか「ベースは自己愛型だけど、否認が入ってるから攻撃性が高まってるな」とか分析してみるのです。

そうやって、少し上位の目線を持ち、客観的になるだけでも、あなた自身の心を守ることができるはずです。

第1章のPOINT

▼「自分が絶対正しい」と思っている人は、「利得型」「自己愛型」「否認型」の三タイプが絡み合っている場合が多い。

▼無自覚に自分のメリットを優先する「利得型」の人は、会社で出世しやすいので「困った無能上司」になりやすい。

▼プライドが高い「自己愛型」の人は、とにかく自分の価値を認めてもらいたがっている「かまってちゃん」。

▼自分の非をごまかしたい「否認型」は、〝快感原則〟によって問題を隠そうとする「その場しのぎ」の人。

▼三つの類型をベースに、「分析ぐせ」を身につけていくことが一番重要。

第2章

「自分が正義」の人は、こうして周りを振り回す

「私もされてきたんだから……」という論法で攻める

「自分を攻撃した人」と自分を同一化

「自分が絶対正しい」と思い、他人を攻撃する人が頻繁《ひんぱん》に持ち出す論理パターンに「私もされてきたんだから……」というものがあります。

もっともわかりやすいのが部活動などの「しごき」です。

運動部でしっかり練習をしていない、またはプレーが未熟な下級生を「しごく」という名目で殴ったり、蹴ったりするのははたして正しいのでしょうか。

これは長く問題になっている体罰とも密接に関連するのですが、「絶対ダメだ!」と言う人もいれば、「時と場合によっては必要」と考える人もいるでしょう。

この問題に対して、何が正しくて、何が間違っているのかを本書で決めつけるつもりはありません。ただ、暴力や体罰を肯定的に捉える人の場合、「かつては自分もやられたから……」という理由を挙げる人が比較的多いのです。

「自分もやられて成長してきたのだから、下級生を殴るのだって正しい」「それなりの価値はあるはずだ」という論理構造になっているわけです。

もともと人間には「他人と自分を同一化することで、自分を守ったり、自分の価値を高めたりする」という心理的な働きがあります。

じつは、この「自分もやられたのだから……」という論法でも、「自分を攻撃した相手」と自分を同一化しているのです。

今度は自分が攻撃者となって別の人をターゲットにするわけですね。

これは自分の正しさを主張するにあたって、非常に便利な論理です。

「自分が仕事を一生懸命やらなかったとき、取引先にひどく怒られたのだから、同じように仕事を一生懸命やらないヤツがいたら、怒るのは当然だ」

など、**ぱっと聞いただけだと、非常に整合性がとれていて、説得力のある論理に感じられます**。

２０１４年には、大阪のコンビニエンスストアで店員を土下座させ、その様子をネットに投稿した事件が話題になりました。

この事件の深層には「自分も仕事で嫌な目に遭った」「生きてきたなかで、かつてとてもつらい目に遭った」という思いが潜んでいるのではないかと私は分析しています。

「自分もひどい目に遭ったのだから、土下座くらいさせたって何ら問題ないだろう」「自分は仕事をするとき、もっとちゃんと働いている」という論理構造です。

ある男性も、自身が営業の仕事をして、ほぼ毎日のように取引先の人からひどいことを言われていました。

どんなふうに感じているのか、その人に尋ねると、「コンビニ店員の態度が悪かったり、レストランの接客がよくなかったりすると非常に腹が立つ」とこぼしました。

彼からすれば「仕事なんだから、ちゃんとやれよ！」「ちゃんとやるのが当然だろ！」ということなのでしょう。ただ、その奥底には**「オレだって仕事でつらい目に遭っているんだ」「それでも耐えているんだ」という思いがくすぶっている**ように見えます。

「自分がされたこと＝他人にもしていいこと」という論理

あるいは、こんなケースもあります。

とある職場のマネジャーのケースですが、若い部下たちに毎日のように夜10時、11時まで残業をさせています。

それでいて、そのマネジャーは「若い頃は必死で仕事をするのは当たり前」「オレも若い頃は0時を越えることがザラだった」という論法で、「自分の言っていることは正しい」と思い込んでいるのです。

この人の場合、不満を言う若い人には、「オマエらだって年を取れば、オレの言っていることがわかる日がくるよ」と話しています。

このマネジャーの言う通り、「若い頃に苦労することで、仕事ができるようになっていく」「一人前に育っていく」ことはあるかもしれません。

ただし、ここで忘れてはならないのは、**「自分がされたつらいこと → 耐えてきたのだから正しい → 他人にも同じことをしていい」という単純な論法が成り立つわけではない**ということです。

体罰や言葉によるプレッシャーを受けたり、ストレスの多い仕事を押しつけられたりして、つらい目に遭ってきた経験が多い人ほど「自分もやられてきたのだから」という論法で自分の正しさを主張しやすいので、要注意です。

そんな人を見かけたときは、とりあえず「ああ、この人は『過去に自分を攻撃した人』と同一化しているんだな」と分析してください。

「自分も被害者だ！」と、文句をつける

〝病識〟のない人に自覚を促すのは無意味

前の項目で取り上げた「自分もされてきたんだから……」という論法を持ち出す人は、加害者意識が低いのも大きな特徴の一つ。

加害者意識が低いどころか、むしろ「自分も被害者なんだ」と思っているケースが多いようです。

すでに述べた「コンビニで土下座を強要した人たち」が典型ですが、企業のコールセンターに過剰なクレームをつける人にせよ、レストランで店員の態度に文句をつける人にせよ、いずれも共通して「自分だって被害者だ」「損害を受けた」という意識

を持っています。

子どもを虐待する親も、虐待は悪いことだとわかっていても、自分の生活環境や置かれている状況などに大きな不満を感じていて、「なんで私だけがこんな目に遭うの？」「ひどい、つらい」という被害者意識から他人を攻撃することになってしまうのです。

精神医学では「自分は病気である」という自覚を〝病識〟と呼んでいますが、**「自分は被害者なんだ」と思い込み、他人を攻撃する人にはこの病識が不足しています。**

対処法については後の第４章でも触れますが、病識のない人、つまり加害者なのに被害者だと思い込んでいる人に「あなたは間違ってますよ」「あなた自身が加害者なんですよ」と気づかせることは、ほとんど不可能です。

だから、無理に「相手に気づかせよう」としても、時間とエネルギーの無駄にしかなりません。

ここで何より大事なのは、あなた自身が被害者にならないことであって、相手に

「あなたは加害者だ」と気づかせることではありません。

そんなことをしようとすると、かえって被害が拡大する危険性すらあるので注意してください。

「よかれと思って」という決め台詞を持っている

息子夫婦にすべて買い与える〝自己満足セレブ淑女〟

「自分が絶対正しい」と思っている人たちが、よく口にするのが、「よかれと思って」「あなたのために」という言葉です。

お節介と言えばそれまでなのですが、そんな生やさしいレベルを超えて、支配者になろうとする人もいるので、要注意です。

たとえば、お金持ちだけれども、周囲にとってはとても「困った」奥様がいます。

彼女は息子二人が〝いい大学〟を出て、〝いい会社〟に就職しているのが自慢で、「私は子どものために何でもしてあげるの」と口ぐせのように言っています。

あるとき、その息子が結婚することになり、「家（それも一軒家）を買ってあげることにしたのよ」という話を聞きました。親が一軒家を買い与えるなんて、それだけでも「ちょっと過保護だな」と私は思ったのですが、そういう話はないわけでもないので、さほど驚きもしませんでした。

しかし、よくよく聞いてみると、息子さんの家の家具、じゅうたん、カーテンにいたるまで、すべて自分（息子の母親）が選び、買ってあげたというのです。

息子はともかく、そのお嫁さんはたまったものではありません。

驚きを通り越してある種の恐怖を覚える話ですが、当の本人はそんなことは一切気にせず、「息子たちも喜んでいたわ」「お嫁さんにも、すごく感謝されちゃって……」とご満悦《まんえつ》の様子。

お嫁さんの立場にしたら、どんなに迷惑に思っていても「ありがとうございます」「とても助かります」としか言えないことくらいわかりそうなものですが、「自分が絶対正しい」と思っている人には、そういう常識が通用しません。

気の毒としか言いようがありません。

心の奥底にある支配欲求

この「よかれと思って……」「あなたのためなのよ」という決めフレーズを吐くタイプに見られる特徴の一つは支配欲求です。

やっかいなのは、心の奥底に「自分の思い通りにしたい」「自分に服従させたい」という支配欲求が潜んでいるのに、本人が「相手を支配してやろう」と明確には意識していないケースが少なくないことです。

世の中には「相手のために何かをしすぎる」「何かというと教えたがる」タイプも大勢いますが、こうした人たちも、心の奥底では「相手を支配したい」という思いを持っていることが往々にしてあります。

相手を支配することによって、「自分の思い通りにさせる」「自分の仲間に引き込む」という利得を手にできます。

そもそも支配者というのは「周囲から崇《あが》められる存在」ですから、それだけ自己愛も満たされるわけです。

会社の先輩や地域のママ友などのなかにも、「いろいろ親切にしてくれているように見えて、じつは支配しようとする存在」がけっこういるのではないでしょうか。

「役に立てばと思って……」と言いながら、しきりに自分の経験談を話したがる人や仕事のやり方を教えたがる人などは、このタイプの可能性大です。

時と場合によっては「ありがたい存在」なのですが、このタイプが口にする「相手のため」「あなたのため」というのは見せかけです。

自分の支配欲求を満たそうとしているケースも少なくないので、注意が必要です。

また、**「後輩の面倒見がいい先輩」「頼りになる存在」というキャラをつくり上げたい自己愛型も少なくありません。**

こんなときこそ『プチ悪人』になって、相手のことをじっくり観察し、分析することが大切です。

・いったいこの人は自分を支配して、どんな利得を得ようと思っているのか
・どんなふうに自己愛を満たそうと考えているのか

そんな疑惑の目を持つことが、「振り回されやすい人」には必要なのです。

その場にいない人の欠点を話題にする

他人を貶《おとし》めて自分の価値を高めたつもり

「自分が絶対正しい」と強く主張する人のなかには、相手の間違いを指摘することによって、自分の身を守ろうとするタイプがけっこういます。

「相手の間違いを指摘していれば、常に自分は正しい側にいられる」というじつに単純な論法です。

「あなたが悪人なら私は善人」という対比の構図で、自分を肯定しようとするわけです。

よく聞く話で、何人かで話している際「その場にいない人の悪口を言う」人がいるでしょう。

たとえば、AさんとBさんが話をしているときには「Cさんって、ひどいよね……」とCさんの悪口を言い、AさんとCさんが話すときには「Bさんって、性格悪いよね」とBさんの悪口を言う。

この場合も構造はシンプルで、Aさんは「この場にいる私たちは正しいけれど、ここにいないB（C）さんは間違っている」という論法で話をしているわけです。

誰かを「悪者」に仕立て上げることで、相対的に自分の正しさを主張する。

これは非常に便利な論法なので、注意深く観察していると、このパターンで話をしている人は少なくないことがわかります。

たとえば、あなたの職場にも「あの人の仕事のやり方は効率が悪い。チェックリストをつくってないから、基本的なミスをするんだ！」などと、聞かれてもいないのに、他人の仕事の問題点を指摘する人がいるでしょう。

結局、これも「自分はリストをつくって、効率的に仕事をしている。だから、自分は正しい。自分は仕事ができる」という主張の裏返しなのです。

そもそも悪口とは、ほぼすべてがこの構造になっています。


「あの人はつきあいが悪いよね（一方、私はつきあいがいい）」

「あの人は八方美人だよね（私はそんなつきあい方はしない）」


など、他人への悪口の裏側には、それと対比する形での自己肯定が隠れています。

つまり、しきりに他人の悪口を言う人も、他人の問題点を指摘したがる人も、意識しているにせよ、いないにせよ、「自分は、あの人のように悪い人間じゃない」「自分は、あの人みたいに仕事のできない人間じゃない」と主張しているのです。

ストレートに「私は正しい！」「私は仕事ができる！」と主張するより、**「他人を貶めることで相対的に自分の価値を上げる」ほうが簡単かつ効果的で、「露骨にならない」というメリットもある**ので、この論法を使う人が大勢いるのもうなずけます。

利得があり、自己愛も満たされるのに、自慢げになりません。

ですから、じつに便利なのです。

ターゲットが決まっていると安心して攻撃できる

「その場にいない人の悪口を言う」くらいならまだ罪は軽いのですが、人間社会では、往々にして「誰か一人をターゲットにして、徹底的に攻撃する」形になりやすいことを忘れてはなりません。

これは、まさにイジメの構造で、「Aさんが悪い」とターゲットを決めてしまって、みんながそれに同調するわけです。攻撃者にとって非常に都合のいい状況です。「他人を貶めることで、自分の正しさを主張する」論法が便利であることはすでに述べましたが、こういう論法を用いるのは、「いつ自分が攻撃されるかわからない」不安に常にさいなまれているせいです。

ところが、その「貶めるべき対象」が決まっていれば、攻撃者は安心して他人を攻撃することができます。

自分が攻撃される可能性も、孤立する心配もないからです。

そもそも「自分が絶対正しい」と主張する人は、**自分が否定されること、さらには**

その先にある孤立を極度に恐れます。

だからこそ、仲間をつくり、そのメンバー全員で「Aさんは悪者」という『決まり』をつくりたがるのです。

「○○さんって、こういう人だよね？」と、人の性格を決めつける

決めつけタイプは、心の底で安心したい

世の中には、「あなたってこういう人だよね」「あの人って、すぐに怒るタイプだよね」「○○さんって、自分が一番じゃないと気が済まないよね」などと、相手のタイプを決めつける人がいます。

きっとあなたの周りにも一人や二人いることでしょう。

これも「自分が絶対正しい」と思っている人の一種です。

そもそも、なぜ相手のことを決めつけるのかと言えば、一番深層にあるのは「安心したい」という思いです。

人は誰でも「得体の知れない存在」に出会うと不安になりますが、その不安の原因は、つまるところ「知らないから」「わからないから」です。

裏返せば、「あなたってこういう人」「彼はこういうタイプ」という分類をして、どのタイプなのかをはっきり決めると、人は安心できるのです。

相手のタイプが決まれば、自分の経験や知識に基づいて「このタイプには、こんなふうに対応すればいい」という対処法も決まります。ですから、安心できるのです。

自分に「都合のいい分類」に落とし込みたい

しかし、当然ですが「あなたってこういうタイプ」と見当外れな決めつけをされると、「私ってそんなタイプじゃないから！」と反論したくなる場合もあるでしょう。

実際、私が精神科医としてテレビに出たり、雑誌でコメントしたりすると「片田さんって、仕事ばっかりで、プライベートとか興味なさそうなタイプですよね」などと決めつけられることがよくあります。

別に私自身がそのような価値観で生きているわけではないのに、相手はそう決めつけることで安心したいのです。

その人にしてみれば、「人生で仕事が一番の人」と「プライベートを大切にする人」という二つの分類のなかにすべての人を落とし込みたいわけです。

この分類に基づいて考える人には、「自分は仕事をしていないけれど、家庭を大事にしている」人が多いように見えます。こういう人たちの前に「仕事も、プライベートも充実している」人が現れたら、自分の存在価値が薄れてしまいます。

だから、そんな不安を払拭するためにも、**世の中のすべての人を「自分が安心できる分類」「自分に都合のいい分類」に落とし込み、自らの価値を保とうとする**わけです。

あなたのことを「こういうタイプ」と決めつける人についても、よく観察してみると、必ずその人が「落とし込みたい分類」があるはずです。

その分類に落とし込むことで、本人にとって何かしらの利得が得られたり、自己愛が満たされたりするのでしょう。

「あなたってこういう人」と的外れな決めつけをされるのは、迷惑以外の何ものでもありません。しかし、そうかといって「いいえ、私はそんなタイプではありません」「むしろ、こういうタイプです」と否定したり、修正したりするのは無益で、無駄な行為です。

「自分が絶対正しい」と思っている人にとっては、それが真実なので、その部分で対抗しても意味がありません。

どうしてもやりすごせない現実的なデメリットが生じない限り、「そうなんですよね、ハハハハ」と流しておくのが一番です。

そんなときこそ、「この人は相手を決めつけることで、どんなメリットを得ようとしているんだろう？」「この決めつけによって、どんな部分で安心したいのだろう？」と考え、分析してみてください。

「あなたって頑固な人だよね」と決めつけることで「あなたとは違って、私は柔軟なタイプ」と自己肯定をしたいのかもしれません。

さらには、「あの人はすぐに論理的に語りたいタイプだから……」と分析しているように見せることで、「自分は一段上から状況を見ている、冷静で、客観的な視点の持ち主だ」と主張したいのかもしれません。

じつはこの本でも、いろんなタイプを紹介することで「あなたの周りにいる人を分析、分類しましょう」と勧めているのですが、それは「相手をタイプ分けすることで、自分が安心できる」という点を逆手にとって利用しているわけです。

あなた自身が安心できるのは、とてもいいことなのでぜひ実践してみてください。

ですが、その一方で「この分類は正しい」「あなたってこういうタイプ」と決めつけすぎると、あなた自身が「自分が絶対正しい」というタイプに陥ってしまうので、その点だけは注意してください。

実際とは正反対の理想のセルフイメージを語る

「こういうリーダーはダメ！」と語る本人がまさに『ダメリーダー』

自分のことは、自分が一番よくわからない。

よく言われることですが、「自分が絶対正しい」と主張するタイプにはこの傾向が強いように見受けられます。

なかには「私は、ものすごくきちんとしていて、礼儀正しいっていつも言われるんです」と言いながら、時間に遅れることが多かったり、連絡もなく予定をキャンセルしたりする人もいます。

そんな人たちに出会うたび、「結局、人って自分のことはわからないんだなぁ」と改めて思います。

人が「自分とはこういう人間」と語っているときはたいてい、「本当の自分」というよりは、むしろ「こうであってほしい」という理想のセルフイメージを語っていると思ったほうがいいでしょう。

そういう視点で相手を眺めていると、「なるほど、この人はこんな理想のセルフイメージを抱いているんだな」と妙に納得できますし、冷静に相手の話を聞くこともできます。

ただし、本人たちには「理想のセルフイメージを語っている」などという意識はまったくありません。むしろ、**「本当に自分はそういうタイプだ」と思い込んでいる**ことを忘れないでください。

やはり、ここでも病識が決定的に不足しているのです。

会社で指導的な立場にある方や経営者などに話を聞くと、これまた非常におもしろい点に気づきます。

彼らのなかには、「リーダーとして大事なのは、部下を信じて、任せることですよ」「権限委譲のできない管理職はダメですね」と言いながら、その本人が「権限委譲できないリーダー」「部下を全然信用しない経営者」である人がけっこういます。

部下の方たちに話を聞くと、「自分ができていないのに、よく自信満々で、あんなことが言えるなぁ……」と心底不思議がっていましたが、その上司、リーダーにしてみれば心の底から「自分はやれている」と思い込んでいるのです。

自己認識の甘さというのは、恐ろしいですね。

自撮り写真は、「理想の自分」の体現ツール

近年、ブログやSNSなどで「自撮り写真」をアップする人が増えています。

2013年には、オックスフォード大学出版局の辞書部門が〝今年の言葉〟に「セルフィー」という言葉を選出するなど、「自撮り」は世界的なトレンドでもあるようです。

じつはこの「自撮りブーム」も間違った自己認識を誘発する一つの要因になっていると私は考えています。

自撮り写真を撮る場合、たいていの人は角度や表情を工夫して「ベストな一枚」「奇跡の一枚」を撮ろうとするでしょう。

きっとあなたにも経験があるはずです。

そこに写っているのはたしかにあなた自身ですが、その写真の姿が「本当の自分の姿」を表しているかと言えば、やはりちょっと違うはずです。

「ベストな一枚」「奇跡の一枚」は、むしろ「理想のセルフイメージ」に近いのではないでしょうか。

しかし、そんな「理想の一枚」が撮影できたら、誰だって喜んでブログやSNSにアップするでしょう。

「理想のセルフイメージ＝自分」になるわけですから、こんなに心地いいものはありません。

そうやって人はどんどん「本当の自分」を「理想のセルフイメージ」と同一化し、いつしか「これが私です」と言って「理想のセルフイメージ」ばかりをアピールするようになるのです。

この**「自己評価と他者評価のギャップ」というのは誰にでも起こりえます。ですから、よほど実害がない限り、スルーしておくのが一番**です。

「私ってこういうタイプ」と、本当の姿とはまったく違うイメージを語っている人に出会ったら、「ああ、また理想のセルフイメージを語っているな」と思っておきましょう。

自分の評価に、いつも不満たらたら

低い評価に「そんなはずはない」と思っている

前の項目で述べた「理想のセルフイメージを語る」のと構造的には同じなのですが、「過去の栄光を捨てきれず、現状の自分と向き合えない」人も非常に多いのではないでしょうか。

たとえば、「会社での自分の評価が納得できない」としきりに主張する男性がいます。

一流大学を出て、誰もが知っている一流企業に勤めて15年になるのですが、そこでの処遇に大きな不満を感じているのです。

「同僚たちと比べても成績に遜色《そんしょく》はないし、社内外問わずコミュニケーションはうまくいっている。どの面から見ても問題がないはずなのに、思ったような評価が得られないのは、きっと上司が自分のことを嫌っていて、個人的な感情で評価を下げているんだ」

と彼は強く主張しています。

正直に言うと、本当のところはわかりません。

彼の言うように、上司が個人的な理由で不当な評価を下している可能性だってもちろんあります。

ただ、彼の話を聞いていると、どうしても「自分はこんなもんじゃない」「こんなはずじゃない」という自己評価と他者評価のギャップに苦しんでいるように思えてなりません。

「価値のない自分」を否認したい

「自分が絶対正しい」と主張する人のなかには、「自分への評価に納得がいかない」「もっと認められていいはずだ」と感じるタイプが大勢います。

自己評価と他者評価の間にギャップが生じているのですが、「自己評価のほうが正しいに決まっている」という思い込みから抜けられないのです。

どんな人でもこの思考に陥る可能性はあります。ただ、私の経験上、過去に輝かしい実績・経験を持っている人ほどより危険度が高いと言えます。

簡単に言えば、**過去の栄光が捨てられない**のです。

ここで紹介した男性も、一流大学から一流企業に入り、自他共に認めるエリートとして輝かしい人生のキャリアを積んできました。

それだけに、ちょっとでも自分が気に入らない評価を受けると、「そんなはずはない」「オレは誰もが認めるエリートなんだぞ」「オマエの評価がおかしい」という思考に陥りやすいのです。

同じように、40代、50代の人がハローワークにやってきて、「こんな条件の職場しかないのか!」「オレは○○商事で、億単位のビジネスをしてたんだぞ!」と怒り出すという話をよく聞きます。

有名企業の課長、部長として働き、年収が1000万円を超えていたような人が、自分のキャリアをまったく生かせない仕事しか提示されず、「年収は300万円程度になります」と言われたら、ガッカリして、腹が立つのも心情的にはわかります。

そんなとき、プライドが邪魔をして、過去の栄光を捨てきれず、現実を受け入れられなくなってしまうのです。

「自分は優れた人間だ。そんな自分を評価しない世間が間違っている」というとんでもない論理展開に走ってしまうわけです。

これも、ある意味では「価値の低い自分」を否認したいばっかりに、相手もしくは世間に責任を押しつけるという構造です。

古代ローマの哲学者、セネカは**「怒りというのは、己に対する過大評価から生じる」**と述べていますが、まさにその通りではないでしょうか。

自己評価の高い人は、他者評価とのギャップが大きいので、どうしても「なんで、こんな低い評価しか得られないんだ⁉」「どうしてわかってくれないんだ！」という思いがいつも心に巣くっています。

言い換えれば、それだけ怒りの感情をいつも心に抱えやすいわけです。

もし、あなたが「自分への評価が低すぎる」と怒りを感じやすいタイプだとしたら、ときには「ちょっとだけでも自己評価を見直してみる」ことも必要です。

そして、周囲に「いつも怒っている」ような人がいたら、「ああ、この人は自己評価が高い人なんだな」と冷静に分析してみてください。

聞いてもいないアドバイスをする

上から目線で「特権意識」を持ちたがる

何かというと上から目線で「こうしたほうがいいよ」「こういうのはよくないな」などと偉そうにレクチャーする人がいるでしょう。

最近は「意識高い系」などと呼ばれる若者もたくさんいて、自分の仕事や人生などをレベルアップするために、セミナーとか講演会とかに熱心に参加したり、勉強会、読書会、朝活などを主催したりする人たちも増えています。

もちろん、その手の活動が悪いというわけではありません。

ただし、そういう活動に熱心な人のなかには「もっとセミナーに参加して、キャリアアップするべきだよ」「エグゼクティブと呼ばれる人たちは、朝時間の使い方を一番大事にしているんだ」と、頼みもしないのに、上から目線で教えようとする人がけっこういます。

たとえば、同じ大学4年生同士で就職活動中だというのに、やたらと「こういう活動をすべきだ」「こんな習慣が自分をレベルアップさせる」と教えたがる人がいたそうです。

彼らに共通しているのは**「自分は特別だ」、あるいは「自分は特別だと思われたい」という心理**です。

日本人、特に若者は、集団のなかで浮いてしまったり、目立ったりすることは極力避けたいと思う反面、「あの人は特別だよね」「ちょっと人とは違う次元にいるよね」と評価されたいという思いを強く持っています。

やはり誰しも「替えがきかない自分」になりたいわけです。

それでも、ある程度の年齢になると「人ってそんなに差はないものだ」「所詮、世の中のパーツに過ぎない」ということを経験的に学んでいくのですが、若いうちは

「自分らしい生き方」「自分にしかできない仕事」「人とは違う特別な存在」になりたがるものです。

その「特別でありたい」という思いが特権意識につながり、上から目線で語るようになるのです。

「言われなくてもわかっています」と主張する

「なめられたくない！」という思いが強すぎる

なめられたくないから、相手の意見を受け入れられず、自分の意見を通そうとする。

こういう人もまた非常に多いのではないでしょうか。

たとえば、あなたの職場にいる30歳くらいの人を思い浮かべてください。

ある程度経験を積み、それなりに仕事もできるようになってはいますが、40代、50代の人の目には「やっと独り立ちしたかな……」と映るようなタイプです。

そんな世代の人のなかには、とにかく「なめられたくない」という思いが強いタイプがいるでしょう。

「その程度のことは知ってます」
「私だって必死で考えています」
「言われなくてもわかってます」

などとことさらに主張する人たちです。

これは、ある程度仕事ができる、あるいは仕事ができると自分では思っているタイプによく見られる傾向です。

「余裕がない」と言ってしまえばそれまでですが、本物の自信がなく、自分自身の存在価値に対する不安が強いのが彼らの特徴です。

「自分の存在価値がなくなってしまうんじゃないか」という不安や恐怖が常にあります。そのため、**ちょっと違う意見を言われただけで、まるで自分が全否定されたように感じ、感情的になってしまう**のです。

あるいは、他人から意見を言われたり、ちょっと何かを教えられたりすると、「そんなことも知らなかったのか……」と思われているんじゃないかという恐怖が先に立ちます。だから、「それくらいのことは知っています」「最初からわかってました」と主張せずにはいられません。

子どもの頃の生育歴が大きく影響

これは、一つにはその人物の生育歴が大きく影響しています。

子どもの頃、親からあまり認めてもらえず、何かというと責められてきた人ほど「自分は悪くない」「自分はこんなにいい子だ」とことさらに主張するようになります。

ある男性は、長男として生まれ、弟や妹が悪さをするたびに「オマエがやったんじゃないか」と疑われて育ったそうです。

父親の時計が壊れたときも「オマエがやったんじゃないか」と責められたし、弟や妹が泣いていたときも「オマエ、何をしたんだ！」と叱られました。

そういう環境で育つと、どうしても「自分は悪くない」と反射的に主張するようになります。

それだけ自己正当化しないと、その環境のなかでは生きてこられなかったからでしょう。

そのほか、小学校時代に、自分の責任ではないのに、「オマエが窓ガラスを割ったんだろう！」「友だちの悪口を言いふらしているのはオマエだろ」などと教師から言われたことがトラウマとなり、しきりに自己正当化するようになったケースもあります。

一方で、子どもの頃から「あなたはいい子ね」と本当の意味での愛情をたっぷり注がれてきた人は、**あえて自分を正当化したり、自分のよさをアピールしたりする必要がありません。だから、自己正当化の傾向はあまり強くないのです。**

テストの点数が悪かったときでも「次にがんばればいいじゃない」「運動ができるんだから、そっちをがんばりなさい」と励まされていると、「自分の存在価値がなくなっちゃうんじゃないか」という不安や恐怖を感じずに成長できるのです。

何でも自分に都合よく物事を解釈する

「業績アップは自分のおかげ」と考える下請け企業の課長

「自分が絶対正しい」と主張する人には、何でも自分の都合のいいように解釈するという特徴があります。

以前、こんなケースがありました。

ある電気機器メーカーの部品をつくっている下請け企業の話ですが、メーカー本体の業績が好調だったため、「部品の注文数を増やしたい」という連絡が入ってきたことがありました。

そのとき、その部門の課長は「普段からあそこの部長と親しくしていたから、これだけの注文増につながった」「私がウチの商品の価値を粘り強く説明したから、発注が増えたんだ」などと部下たちに自慢したそうです。

よくよく聞いてみれば、親会社のメーカーが扱う商品がたまたまテレビで取り上げられて注文が増えただけなのですが、その課長は「自分の努力のたまもの」と受け止めたわけです。

そのほか、不動産業界全体が好調な時期に、正直なところ「誰がやっても業績が伸ばせる」という状況だったのに、いかにも「自分はできる人間だ」ということをアピールする人もいました。また、親のおかげで得たポストなのに、「自分の力で昇進している」と周囲に語る人もいました。

本気で勘違いしているだけに始末が悪い

これらのタイプに共通しているのは、意外にも「本気で自分の力だと思い込んでいる」点です。

もちろん、なかには例外もいるのですが、**ほとんどの人が本気で「自分の力」だと勘違いしている**のです。

まともな人の感覚では「よくそんな都合のいい勘違いができるなぁ」というところですが、そんな勘違いのできる才能の持ち主がたしかに存在するのです。

そんな人の近くにいると、手柄を横取りされることもあります。ですから、腹の立つことが多いのですが、直接的な被害を受けるまでは、放っておくに限ります。

これはマインドコントロールと同じで、本気で信じている人に何を言っても無駄だからです。

仮に「それはあなたの手柄じゃない」ということを伝えたとしても、今度は「その事実を認めたくない」という否認が始まり、あなたに対する攻撃はさらに激しくなるでしょう。だから、まずは放っておくのが一番です。

トラブル時には責任転嫁ばかり

しかし、都合のいい勘違いをする人というのは、何かトラブルが起こったときに往々にして責任転嫁を始めるので、これは黙って見過ごすわけにはいきません。

こちらが責任を押しつけられて、直接的な被害を受けるからです。

被害を受けないための、あるいは被害を最小限に食い止めるための方策は後でまとめて述べますが、すぐに責任転嫁する、いわゆる「他責的な人」は非常に増えているので、その事実だけは認識し、注意しておく必要があります。

最近増えている「新型うつ」でも、「何でも周りのせいにする」のは大きな特徴の一つです。

会社へ行けない理由一つとっても、「上司が自分のことを理解してくれない」「自分はそんなことをやるために会社に入ったんじゃないのに、まったく別の仕事をやらされる」「たいへんな仕事をしているのに、周りの人たちが助けてくれない」という具合です。

こんなふうに「自分以外の誰かが悪い」という論法で話す人は本当に増えています。

これは旧来型のうつ病とは少し異なる傾向です。

この心理には、まず**「自分の責任だと認めたくない」という否認があります。ま**

た、「他人の責任にしておけば、自分が悪者になることはない」という計算も当然働いています。

私はそういうタイプの患者さんと向き合うとき、さりげなく「あなた自身にも、どこかしら問題があるのでは?」と水を向けてみるのですが、たいていの人はそんなことを認めようとしません。なかには怒り出す人もいます。

実際問題として、自分自身が痛い目に遭わないとなかなか気づけません。ですから、その周囲にいる人たちとしては、まずスルーすること。

そして直接の被害を受けないように、日頃から対応策をとっておくことが何より肝心です。

第2章のPOINT

▼「自分が絶対正しい」と思い込んでいる〝病識〟のない人には、何を言っても徒労に終わってしまう。

▼善人ぶって近づく人の心の奥底には、「相手を支配したい」という黒い欲望が隠れている。

▼人間の「タイプ分け」に固執しすぎると、いつしか自らも「自分が絶対正しい」と思い込みやすい。

▼自己評価の高い人はいつも怒りを抱えがちなので、ときには自己評価を見直すべき。

▼どんなに腹を立つことをされても、直接的な被害を受けるまではなるべく関わらないように。

第 3 章

▼

“標的”となる人が、今すぐ気づくべき弱点

「自分が言いたいこと」より、「相手が言われたいこと」を考えてしまう

他人の欲望を満たそうとする人が振り回される

これまで第1、2章では「自分が絶対正しい」と主張する側、言わば〝加害者〟のケースを取り上げてきましたが、ここからは立場を180度変えて〝被害者〟の話をしていきたいと思います。

本書の冒頭でも述べた通り、被害者になりやすいタイプというのは、端的に言うと「いい人」です。

真面目で、素直で、他人に嫌な思いをさせたくないと常に思っているようなタイプ。人間としては、とてもすばらしい人たちばかりです。

しかし残念ながら、「いい人」なだけではこの世の中をうまく渡っていけません。「自分が絶対正しい」と思っている人に振り回されたり、攻撃されたりしないためには、やはり「プチ悪人」になることが必要です。

もし、あなたが人間的にすばらしい人物である反面、「自分が絶対正しい」と主張する人たちの被害者になっているとしたら、「どのような点が被害者になりやすい要因なのか」をまずは理解し、分析することが必要です。

そして、第3、4章を読みながら「なるほど、こうやってプチ悪人になればいいのか」と気づいて、具体的な方法を実践してください。

さて、最初に取り上げるのは**「他人の欲望を満たそうとする人」**です。

上司に仕事を頼まれたら、「上司が満足するような仕事をしよう」と思うし、同僚が困っていたら「助けてあげたい」と思う。

学校では、先生の言う通りにすることで「いい生徒」だと思われるような振る舞いをする。

友人同士でのコミュニケーションでは「自分が何を言いたいか」より「相手が何を求めているか」を優先的に考えるタイプです。

これだけ聞けば、優しさにあふれたすばらしい人ですから、誰もがこんな人とつきあいたいと思うでしょう。

しかし、それこそが「自分が絶対正しい」と思っている人にとっては、好都合なのです。

「自分が絶対正しい」と主張するタイプには利得型、自己愛型、否認型という三つの種類がある話はすでにしましたが、彼らに共通しているのは「相手に賛同してもらい、自分を評価してもらいたい」という欲望。

その点、他人の欲望を満たそうとする人は、相手の嫌がるリアクションは決してしませんし、**相手の利得になること自体をむしろ喜びと感じるので、まさにいいカモ**なのです。

ます。

空気を読みすぎて責任を押しつけられる

たとえば、上司から「この企画、どう思う?」と意見を求められた際、このタイプは「自分がどう思うか」より「上司がどう言われたいと思っているのか」を先に考えます。

「上司は、この企画を認めてもらいたい、褒めてもらいたいと思っているんだな」と感じ取ったら、「すばらしい企画だと思いますよ」「これは絶対いけると思います」などと相手の欲望を満たすような返事をします。

組織のなかで生きていくうえでは望ましいのですが、**何か問題が起こった際、責任を押しつけられる危険性があるので注意が必要**です。

たとえばDさんが、上司の代わりにこの企画を会議に提出して「これはひどい企画だ」「うまくいくわけがない」と散々酷評されたとします。

すると、当の上司は「私もそう思っていたのですが、Dが強く推すものですから……」などと言い出すことがよくあります。

そして、上司の対応について、会議後にちょっとでも不満を漏らそうものなら「君がいい企画だと言ったのは事実じゃないか！」「それとも、あのときはテキトーに返事をしていたとでも言うのか？」となじられ、結局何も言い返せなくなってしまうのです。

相手の欲望を満たすことは、ときには必要です。しかし、都合よく利用されたり、日《ひ》和見《よりみ》主義、八方美人などと批判されたりすることも少なくありません。

このタイプの人は、まずは自分の行動を振り返り「ああ、また他人の欲望を満たす行動をしてしまった……」と自分のパターンを認識することが何より必要です。

自分で判断するのが苦手で、人に任せてしまう

共依存から支配されてしまう

患者さんのなかには、何事も自分で決めることができず、何から何まで親が決めている人がときどきいます。

身近な例を挙げると、「食べ物は何が好きですか？」と尋ねても、親が先に「○○ちゃんは、ハンバーグとカレーが好きなんだよね」と答えてしまい、本人は何となくうなずくだけ——という具合になりやすいのです。

そうやって判断を他人に委《ゆだ》ねることが習慣化してしまうと、依存度がどんどん高まっていくわけです。

妻が自分では何も決められず、すべてを夫が決める夫婦のケースもあります。家計の方針を決めるのも、もちろん夫ですし、夫は妻に「○○はしてもいい」「こんなことはするな」「こんなケースなら外出してもいいが、これはダメ」と命じ、完全に支配しているのです。

そんな極端な状況になって初めて、さすがに妻も「こんな感じで、私の人生は大丈夫だろうか……？」と不安になりました。

しかし、この夫が見事に「自分が絶対正しい」と思っているタイプ。

「この関係を妻も望んでいる」「そうでなければ、妻は生きていけない」「この関係だから、お互いうまくいっている」などと、じつにテキパキと論理的に説明するのです。

「現実問題として、奥さんが不安を感じているんですよ」と私が説明しようとしても、まるで聞く耳を持ってくれませんでした。

この夫の問題は脇に置くとして、「自分で判断をせず、何でも相手に委ねてしまう」ような妻の姿勢はやはり問題です。

このような行動をとる背景にはいくつかの要因があるのですが、その一つは前の項目で述べた「他人の欲望を満たそうとする」傾向です。

例に挙げた夫婦などはまさに共依存の関係で、夫は夫で「何でも判断を委ねる依存的な存在」を求めています。

すると、妻もその期待に応えるように「自分で判断をせず、相手に依存する」ようになるのです。

夫婦に限らず、親子でもよく見られる共依存の関係です。

「自分で責任をとりたくない」という思い

もう一つ言えるのは「自分にコンプレックスがあり、自信がない」ということです。

この妻は外で働いていた経験もあるのですが、どうやらうまくいかなかったらしく

「自分はダメな存在だ」「一人では生きていけない」というコンプレックスを強く抱えていました。

自信がないせいで「自分で判断しても、どうせロクなことはない……」と初めから思い込んでいて、自分で決めるという行為自体を完全に放棄し、他人に委ねてしまっているのです。


その根底には「自分で責任をとりたくない」という思いがあります。

「自分で判断せず、他人に委ねてしまう人」というのは、突き詰めれば責任をとりたくないわけです。

親の言う通りにして自分の人生が台無しになったとしても、「親の言う通りにしたから、私の人生はダメになったんだ!」と言えることが、じつは一番大事なのです。

レストランのメニュー選びでも、「自分の好きなものを食べたい」という願望より、「もしおいしくなかったときに、自分の責任にしたくない」という思いが強いので、他人が選んだ料理を、言われるがまま食べる選択をするのです。

そうやって他人に依存することに慣れてしまうと、**どんどん「自分の欲望」がわからなくなり、個人としてのアイデンティティを失っていきます。**

すると当然、「自分が絶対正しい」という人の被害者にもなりやすく、あんなにも「責任をとりたくない」と思っていたはずなのに、不当な形で責任を押しつけられる羽目になるわけです。

このタイプにとって大事なのは、まずは自分の欲望を知ること。

そんなところから意識的にトレーニングする必要があります。

「あの人の言うことは間違いない」と思える相手がいる

マインドコントロールにかかりやすい

世の中には、どんなことでも白黒をはっきりつけたがり、オールオアナッシングで物事を考えるタイプがいます。

このタイプは「自分が絶対正しい」と主張する加害者になりやすいのですが、同時に被害者になり得る可能性も秘めています。

たとえば、あるメーカーで働く男性は、上司に心酔していて「あの人の言うことはいつも正しい」と全面的に信頼していました。

その上司は実力も実績もあり、その人の言う通りにしていればそれなりに業績もアップしていたので、関係は良好で、仕事もうまくいっていました。

ところが、あるときから業績が傾き始め、雲行きが怪しくなってきました。

周囲の人たちが「○○さん（上司）の言うことばかり聞いてないで、もっと別のやり方を考えたほうがいいよ」とアドバイスをしても、本人はそれを聞き入れることができません。

ある意味、この本人こそ「○○さん（上司）の言うことは間違いない」という思い込みに支配された、「自分が絶対正しい」という人そのもの。

一度信じてしまうと、「それが唯一無二の真実」と思い込むようになり、他の要素をまるっきり受け入れられなくなるのです。

同様に、「これはよくない」「この方法ではうまくいかない」などといったん『バツ』をつけると、これまたグレーゾーンを認めないので、完璧にシャットアウトしてしまうのも、このタイプの特徴です。

他人を評価するときに「あの人の言う通りにしておけば、間違いない」「あの人の言うことは全部嘘だから……」などと極端な決めつけをする人は要注意です。

「白黒をはっきりつけたがる人」は、ある意味では思考回路が単純なので、ちょっと狡猾な人から見ると、非常にコントロールしやすいタイプでもあります。

なぜならば、一度自分を信用させてしまえば、完全に自分の言う通りにできるからです。

たいていの人は、誰かを評価する際に「この部分は理解できるけど、ここはちょっと違うんじゃないかな」「いつもロクなことをしないけど、忙しいときだけはしっかりしているんだよなぁ」というふうにその時々で評価を変え、バランスを取っているものです。

どんなに立派な人物だって間違ったことを言うことはあるでしょう。完璧なんてあり得ないのです。

しかし、白黒をはっきりつけたがるタイプはそうは考えません。そのため、他人を100%信じてしまう危険性を持っています。

それだけ他人に依存しているとも言えますが、このタイプはマインドコントロールにかかりやすく、詐欺の被害者になる可能性も高いでしょう。

「相手を信じる」のはもちろんすばらしいことですが、それが100％になると、やはり危険です。

どんなに信頼できる相手でも、愛する家族や恋人でも、「言うこと、やることすべて正しい」なんてことはありません。

物事をはっきりさせると安心できる

「白黒をはっきりつけたがるタイプ」は、周囲の目には何をするにも窮屈そうに映りますが、じつは本人たちにとっては「そのほうが楽」という面もあります。

たとえば、あなたの目の前にいる相手が「善人か、悪人かわからない」という状況だったら、あなたは不安になるのではないでしょうか。

じつは、この「どっちかわからない不安定さ」というのが、けっこう大きなストレスになるのです。

実際には、どんな人も「善人」と「悪人」それぞれの顔を持ち合わせていますが、それを見きわめる大変さから逃れるために、「この人は悪人」「この人は善人」と決めつけることで安心したいのです。

これは対人関係に限った話ではありません。**「このやり方は正しい」「この考え方は間違っている」とすべてに白黒をはっきりつけることで、自分が楽になりたい**のです。

もし、あなたの周りに「何でも、白黒はっきりさせようとする人」がいたら、「ああ、この人はグレーゾーンの不安定さに耐えきれず、安心したいんだなぁ」と分析してください。

「自分が悪かった」と罪悪感を抱きやすい

誰かの責任転嫁を鵜呑《うの》みにする

何か問題が起こると「自分が悪いんじゃないか……」と罪悪感を抱きやすい人も、「自分が絶対正しい」と主張する人たちの被害者になる可能性が非常に高いです。

そもそも「自分が絶対正しい」と主張する人は、責任転嫁の達人でもあります。意識しているときもあれば、意識していないときもありますが、彼らは常に「自分が正しい」と思っていますので、その「正しさ」が覆《くつがえ》りそうになると、すぐに問題を他者に押しつけます。

たとえば、職場で自分が指示した方法で誰かがトラブルを起こしても、

「あなたのやり方に問題があったからでしょ！」
「そういう方法もあるって、提案しただけ」
「実行すると判断したのはあなただよね？」

などと主張して、「自分の指示自体には問題はなかったのに、その後のミスによって問題が発生した」という論法を決して崩そうとしません。

普通に考えれば、「そんな都合のいい話ってないでしょ？」と思うところですが、**罪悪感を抱きやすい人は、相手の主張を鵜呑みにするのです。**

これでは、「自分が絶対正しい」と主張する人にとって、じつに都合のいい存在になってしまいます。

うわべだけの優しさに騙されてはいけない

他人に責任を押しつける手法はさまざまですが、かなり巧妙な場合もあるので注意が必要です。

自分の指示で問題が起こったはずなのに、

「今回はあなたのやり方がマズかったけど、私がフォローしておいたから」

「次の機会に挽回すればいいから……」

という言い方で、いかにも「いい上司」を装って、自分の責任を逃れる人もいます。

しかし、罪悪感を抱きやすい人は、そんな上司のうわべだけの優しさを真に受けて「今回は本当にすみませんでした」「フォローしていただいて、ありがとうございました」などと返答するのです。

いい人であることは間違いありませんが、それでは損をしてしまいます。

場数を踏んで、もう少し疑いの目を持つことが必要でしょう。

他人の話を「あ、そうなんだ!」と、すぐに納得する

相手の真意を見抜くのが苦手

「自分が絶対正しい」と主張する人に振り回され、被害に遭っている人にしばしば見られる特徴に、「相手の真意（裏の意図）を見抜くことができない素直さ」があります。

あなたの周りにも、相手の真意を見抜くのがうまい人と、「なんでそんなに無邪気に信じちゃうの?」という人がいるでしょう。

相手の真意が見抜けない理由の一つは経験不足です。たくさんの人と会って「観察眼を養うしかない」のはたしかです。

端的に言えば、痛い目に遭った経験が少なすぎるのです。

結局、痛い目に遭って、そこからさまざまなことを学び取っていくしかありません。

たとえば、20代の、とても素直で、本当に性格のいい女性がいました。

ですが、彼女は典型的な「他人の欲望を満たそうとする人」で、人から頼まれるとイヤとは言えないタイプでした。

上司から仕事を頼まれても断りませんし、同僚から「今日はデートだから残業、代わって」と言われれば、すぐに引き受けていたようです。

ところが、あるとき同僚の女性たちから陰口を言われていることを知ってしまったのです。

こういう経験を持つ人は少なくないかもしれません。

「だいたいあの子、調子いいよね」「八方美人で、気に入らないよね」「上司に、いい顔ばっかりして、腹黒い」など、ずいぶんな言われ方だったようです。

そのことにショックを受け、彼女は落ち込んで、職場に行けなくなりました。

普段、同僚たちは「いつも、ありがとね」「ホント、感謝してるよ」などとしきりに言ってくれていたので、そんな陰口を言っているなんて、信じられず、人間不信に陥ってしまったのです。

もちろん、彼女にも同情の余地はあります。しかし、**どんなに信頼できる相手でも、つきあいの長い友人でも、自分の心のなかをすべて正直に話す人などいません。**

ネガティブな部分ほど人には話さないものです。

ですから、そのことをしっかり認識し、日常的なコミュニケーションのなかでも、プチ悪人になって、相手を分析することが必要なのです。

その女性が、純粋に「相手のため」と思って行動していたとしても、その善意がそのまま善意として受け取られるとは限りません。また、相手が発する「感謝している」という言葉も、心の内を表しているとは限らないのです。

そのへんを見きわめるには、やはり経験と分析ぐせしかありません。

「相手の悪意」に気づきながら、それに蓋をしてしまう

もう一つ「相手の真意を読めない理由」として、「あえて気づこうとしない」「見て見ぬ振りをする」ことが挙げられます。

こういう場合も多いので、軽視できません。

「本当は本心じゃなくて、お世辞なんだろうな……」と薄々感じていながらも、それに蓋をしてしまうのです。

これもある種の否認なのですが、「○○だったら嫌だな」という部分をなかったことにして、「自分の望む解釈」だけを真実として受け入れようとするわけです。

その裏には、**「もし相手の悪意を認めてしまったら、これまで信じてきた自分自身を否定することになる」という思いがあって、都合のいいように解釈するわけ**です。

実際、どんな人にとっても、「これまで自分がやってきた行動、持ち続けてきた価値観、心情を否定する」のは非常につらい行為です。

損をし続けている株をなかなか売れない人に、「これを売ったら、失敗を認めることとなる」「それだけは認めたくない」という否認の心理が働くことはよくありますが、構図としては同じです。

だからこそ、頑《かたく》なに「○○さんはいい人だ」と思い込み、相手の悪意に気づかない振りを、ほとんど無自覚のまま続けるのです。

説明しても、「言い訳だ」と非難される

言い訳と説明の違い

「言い訳が多い」とよく言われる人も要注意です。

何かの失敗をしたとき、「何を言っても言い訳にしか聞こえない人」と「きちんと状況説明をしているように感じられる人」がいるでしょう。

この差はいったいどこにあるのでしょうか。

前者は「自分の判断ではない」「責任は他人、あるいは環境や状況にある」と主張しているのに対して、後者は「自分の判断でやった」という大前提を認めた上で、うまくいかなかった状況を説明しています。

つまり、言い訳が多いと非難されるのは「自分で決断し、行動した」という自覚が

足りないからなのです。

職場でケンカをしたのも妻のせい……

ある50代の男性は、中小企業に勤めていたのですが、自分の給料の件で社長とケンカをして、会社を辞めてしまいました。

「どうしてケンカをしたんですか？」と尋ねると、

「妻が、私の給料が少ない、少ないって自分に愚痴るから、社長に直談判してケンカになった。だから、悪いのは妻だ」

と答えました。50代にもなってそんな責任転嫁をするなんて、あまりに稚拙《ちせつ》であきれてしまいますが、そういう思考で生きている人はたくさんいます。

周囲から「オマエは言い訳が多い」と言われる人は、「言い訳をしない」という以前に**「自分で考えて、自分で決断する」という自覚を持つべき**です。

どんな本を読むか、レストランで何を食べるか、どのテレビ番組を観るかなど、些細なことでいいので、「自分で決めて、実行する」という意識を持ちましょう。

子ども時代に、反抗期があまりなかった

自分なりの観察眼ができていない

人間が社会のなかで生きていく上で「疑惑のまなざしを持つこと」と「反抗すること」はどうしても必要です。

素直で、純粋で、従順なだけではやっていけないのです。

この「疑惑のまなざし」と「反抗する力」を養っているのが思春期に訪れる反抗期。

反抗期には何でもかんでも親の言うことに刃向かいたくなるものですが、これは親の価値観やモノサシに疑惑の目を向けて、「親の言うことだけが正しいんじゃない」と声を上げる行為です。

反抗期が自立への過程で訪れるからこそ、人とのつきあい方や社会との関わり方を学び、上手なバランスと距離感を保ちつつ、自分なりのスタンスを築いていけるようになるのです。

コミュニケーション能力を身につけるためにも、個人として自立した人間になるためにも反抗期はとても大事なのです。

ところが、不登校や引きこもり、拒食症や過食症などの問題を抱える人の多くが「自分には反抗期がなかった」「あまり反抗した覚えがない」と話します。

それだけ社会性が育っておらず、**社会のなかで「自分の立ち位置」をうまく見つけられないわけです。**

「自分が絶対正しい」と主張する人の被害者になる人たちにも似たような傾向があると私は感じています。大きな括《くく》りで言うと「疑惑のまなざしを持ち、相手に反抗する」能力が不足しているのです。

親の抑圧が強すぎて、依存型人間に

何と言っても、親の関わり方が大きな要因でしょう。

一番重要なのは、幼少期や思春期に、親の抑圧が強すぎることです。

「あなたはこうしなさい」「こんなことをしてはいけません」「将来はこんな人になりなさい」「しっかり勉強しなさい」という支配と抑圧が強すぎると、子どもは「反抗したくても、できない」という思いにとらわれます。

すると、反抗する能力を身につけないまま、依存型の人間に育ってしまうのです。

親の言いなりで、「親が喜ぶ行動をしよう」と考え、他人の欲望を満たすタイプになりやすく、何か問題やトラブルが起こったときには「親のせいだ」「自分は悪くない」と責任転嫁します。

反抗期がなかったせいで自立した人間になれず、他責的になっている人はじつはとても多いのです。

もう一つ、親の態度としてよくないのは「子どもが何か言っても耳を傾けようとしない」ことです。子どもが何かを言おうとしても、まともに取り合わなかったり、無視したりするのです。

じつはこれも抑圧・支配と同じような効果を持っていて、子どもは「反抗してもしょうがない……」と無力感を覚え、結果として反抗しなくなります。

親としては「手がかからなくて楽」という面もあるでしょうが、こんな関わり方をしていると、子どもの成長に悪い影響を及ぼすこともあります。ぜひ理解してほしいです。

そもそも人間は抑圧された感情や思いをずっと抑え込んでおくことはできません。フロイトが**「抑圧されたものは回帰する」**と語っている通り、いつか、何かしらの形で表出してきます。

その一例が不登校であったり、摂食障害であったりするわけです。

当然、もっと精神的に深刻な状態に陥る人もいて、「あなたがウチの病院を継ぐのよ」と小さい頃から言われ続けた結果、その支配と抑圧に耐えきれず、自殺してしまった人もいます。

そこまで深刻な話でなくても、反抗期がなかったという人は特に、他人に対して「疑いのまなざし」を持つこと、そして少しずつでもいいので「必要なときは反抗してみる」という意識を持つことが必要です。

そのトレーニングを今すぐにでも始めるべきです。

具体的な方法は次章で述べますが、そうやって依存型人間から脱して、自立した個人として生きていくことが、結果として「自分が絶対正しい」という人の被害者にならないことにもつながっていきます。

つらい状況でも、「耐えればいいか」と思いがち

「嫌なら辞めろ」と言われても……

社内でのイジメや上司のパワハラなどがしばしば話題になる時代です。

「そんなに嫌ならさっさと会社を辞めて、別のところへ行けばいいんだ」と上司が偉そうに言うのは、「どうせこのご時世、他に働くところなんて見つからないに決まってる」と思っているからです。

当然、同じ思いは被害者の側にもあるわけで、「現状はつらいけど、ここを辞めてしまったら、自分は路頭に迷ってしまう」という不安や恐怖が強く、つい我慢を続けてしまう——そんな状況で苦しんでいる人は大勢います。

何年も前からブラック企業の問題がマスコミで取り上げられていますが、その根底

にあるのも「逃げ出したいけど、逃げ出せない」という社会構造と個人の意識です。

本書で述べているように、「自分が絶対正しい」という人に振り回されたり、攻撃されたりしている人にとって、問題を解決あるいは軽減する方法は、原則として逃げるか、闘うかしかありません。

それは、上司との問題、会社との問題を抱えている人にとっても同じです。

しかし、逃げたところで行き場がないし、「闘った結果、クビになったり、さらに状況が悪化したりしたらどうしよう……」という不安があって、結局は「我慢する」という選択肢しかなくなってしまうのです。

じつに難しい問題です。

「逃げ出す」という選択が必要なケース

2014年に東洋経済オンラインに掲載された記事によると、20代の若者で「ひとつの企業に勤め続けたい」と思っている人の割合は50%を超えているそうです。

1999年には37%だったので、ここ15年のうちに、若者の安定志向、終身雇用への回帰願望は高まっているわけです。

誰でも、生活に対する不安は多かれ少なかれ抱いているでしょうから、経済的に安定したいという気持ちを持つのは無理もありません。

しかしその一方で、「経済的な安定」ばかりを追い求めて、結果として身体的、精神的な健康を損なうとしたら、やはり本末転倒です。

振り回される人のなかには、まさに**「生活のため」「お金のため」に自らの健康を犠牲にしている人もいます。**

ある男性は、中堅の電機メーカーに勤めていたのですが、そのメーカーが大手企業に吸収合併されることになり、社内のルール、文化、人事、待遇などあらゆる面が一変してしまいました。

「大手企業A社のやり方は正しくて、中堅B社のやり方は尊重するに値しない」という風潮が合併後の職場では強く、A社出身の上司からは「あなたのキャリアや実績なんて何の価値もないんだから」と否定されることも少なくありませんでした。

しかも、家に帰れば妻から「ここで辞めたら、ウチの家計はどうなっちゃうの⁉」「娘の学費はどうするの⁉」とプレッシャーをかけられ、結局会社を辞めるに辞められず、上司と闘うこともできず、精神的に病んでしまったというわけです。


これは非常に難しいケースですが、問題を抱えている本人と、その家族には「逃げることも、ときには必要だ」という認識を持ってほしいと私は思います。

経済的な理由から難しいこともあるでしょうが、精神的、身体的な限界を超える前に、自分で決断し、逃げ出すことも必要なのです。

そうしなければ、もっと深刻な事態に陥りかねないからです。

責任感が強く、安定志向が強い人ほど「ここで我慢するしかない」と思い詰めたり、「ここでがんばるのが、結局ベストなんだ」と無理矢理に自己肯定したりしがちです。しかし、冷静に自分の状況を観察し、分析してみると「逃げることが必要だ」という場合も当然あります。

あなた自身と家族を守るためにも「逃げる」という選択肢を安易に切り捨てず、検討の価値のある選択肢として持ち続けてほしいと思います。

「失敗を取り戻したい」と焦ることが多い

弱っているときほど、言いなりになりやすい

「自分が絶対正しい」と主張する人の被害者になりやすいのは、単純に「人を信じやすい」タイプです。

もちろん、どんな人でも「自分が弱っているとき」に手をさしのべてくれる人のことは案外簡単に信じてしまいます。

「自分は簡単に人を信じたりしない」という人でも、人生の窮地《きゅうち》に立たされ、本当に困っているときにフッと他人の優しさに触れると、意外にあっさりと心を許してしまうものです。

顕著なのが恋愛で、「失恋したタイミングを狙って優しくする」のは昔からある恋

愛の常套《じょうとう》手段です。

心が弱っているときに「どうしたの？」「相談に乗るよ」「いつでも一緒にいてあげるから……」などと言われるとコロっと参ってしまうのです。

職場でも、**あなたがミスをして落ち込んでいるときに近づいてきて「自分の仲間に引き込もう」「自分の言いなりにしてやろう」と画策する人もかなりいる**ので、要注意です。

なかには、本当にあなたのことを心配して助けてくれる人もいるのですが、そうではない人もいるので、少し疑いの目を持つことが必要です。

弱っているときこそ、「無防備にならず、プチ悪人にならなきゃ」という意識が大切なのです。

何度も繰り返し振り回される「反復強迫」

「弱っているとき」「困っているとき」には詐欺に引っかかりやすい。

これはよく聞く話ですが、じつは一度詐欺に引っかかった人が、すぐまた引っかかることが非常に多いという事実をご存じでしょうか。

言ってみれば、「詐欺に引っかかった↓弱っている↓その弱みにつけ込まれて、また引っかかる」という悪循環の構図です。

その人が元来、簡単に誰でも信じやすい性格だからなのでしょうが、それだけではありません。そもそも人間には、良い体験であれ、つらい体験であれ、同じことを強迫的に繰り返しやすい「反復強迫《はんぷくきょうはく》」という傾向があるのです。

それこそ恋愛でも、結婚でも、手痛い失敗をして「もう二度とこんな人とはつきあわない！」「こんな男（女）には騙されないぞ！」と心に決めたのに、また同じようなタイプとつきあう人が大勢いるでしょう。

これも一種の反復強迫です。

人間は一度失敗しても、次にまた同じような状況に直面すると「今度はきっと大丈夫」と思い込みたい生き物なのです。

「100万円が300万円になる」という投資話に騙された人が、別の詐欺師から、「奥さん、そんな話は詐欺に決まってますよ。100万円が300万円になるなんてあり得ないじゃないですか。本当に投資すべきは、私が提案するような100万円が半年で120万円になるっていう、堅実な投資なんですよ」

と言われ、再びあっさり騙されたこともありました。

普通に考えれば「世の中、そんなウマイ話はない」と気づきそうなところですが、一度失敗した人ほど「その失敗を取り戻したい」という思いに駆られて、同じことを繰り返します。

これも一種の反復強迫で、もはやそれは理性ではどうにもなりません。だからこそ、同じことを繰り返すのです。

せめて、本書を読んでいるあなたは、何かを決断したり誰かを信じたりする前に**「ひょっとして、自分は反復強迫に陥っているんじゃないかな?」**と一旦立ち止まり、冷静になってください。冷静になって、信頼できる人物に相談してみてください。

　そうやって時間をおいて、他人の意見にも耳を傾けるようにすれば、たいていの場合、トラブルを回避できると思います。

　大事なのは、一度失敗しても、「その失敗を取り戻そう」としてしゃかりきになりすぎないことです。

第3章のPOINT

▼真面目で、素直で、他人のことを気づかえる「いい人」ほど、恰好の〝標的〟になりやすい。

▼何事も他人に決断を任せていると、とる必要のない責任まで取らされる羽目になりかねない。

▼他人の善意にあふれた行動・言葉なども、ときには「疑う勇気」を持って分析するべき。

▼どうしても振り回される苦しみが改善しない場合は、逃げるという選択も必要。

▼どこにいっても振り回される側になってしまう場合は、「反復強迫」に陥っている可能性がある。

第 4 章

▼

「振り回されない人」になる方法

「大事な人」「どうでもいい人」で、人間関係を切り分ける

できそうなことから始める

本章では、いよいよ「自分が絶対正しい」と思っている人との向き合い方や対処法について具体的に述べます。

一言で対処法と言っても、いくつかに分けられます。

一つは「考え方」であり、一つは「知識」、さらには「具体的な行動、方法論」などがあります。

「こんなふうに考えればいいのか！」と考え方を知るだけで気持ちが軽くなることもありますし、「精神分析的にはこのようなタイプ、心理状態がある」と知識を得ることで、相手の状態や心のなかを理解する助けになる場合も多いでしょう。

あなたが得た知識を積み重ねて、相手の状況を分析できるようになると、案外「ああ、この人はこんな状態なのね」「この人はまさに○○タイプだ」と、冷静かつ客観的に受け止められるはずです。

さらに、具体的な対処法を知ることで、自分を守る術を身につけられます。

対処法には人それぞれ自分に合う方法・合わない方法がありますし、「私の職場では、このやり方はできるけど、これはできない」という環境的な向き・不向きもあるでしょう。

そういった個々の事情を考慮しながら、「これならできそうだな」「やってみよう」と思えるものから試してみてください。

「これを絶対実践しよう」「この方法論は完璧だ」と思わずに、気持ちを楽にして、自分の生活に取り入れていくのがコツです。

どうでもいい相手に気を遣うのは馬鹿らしい

さて、最初にオススメするのは「相手から好かれたいのか、それともどうでもいいのか」で切り分ける方法です。

「自分が絶対正しい」と主張する人の被害者になりやすいのは、無意識のうちに八方美人になっているタイプです。

ほとんど反射的に、相手の欲望を満たそうとするからです。

そのため「その相手にどう思われたっていい」「別にたいした存在じゃない」「むしろ距離を置きたい」という人に対しても、良好な関係を保つためにわざわざ気を遣い、いい人になろうとしてしまいます。

まずはそこを整理しましょう。

あなたに迷惑をかけたり、あなたを攻撃したりする人は、あなたにとって本当に大事な人ですか。

あるいは、「好かれたい」と思う対象ですか。

そうでないなら「嫌われたっていい人」「どう思われたっていい人」のリストに、その人を入れてしまいましょう。

そんな割り切りをすることも、ときには必要です。

「あの人はどうでもいい」と声に出す

「あの人にはどう思われたっていい」「どうでもいい相手」という認定をしたら、それを心のなかで思っているだけでなく、声に出してみることも重要です。

「○○さんにどう思われてもいいから、もう気を遣うのはやめる」
「△△さんには、必要なとき以外は話もしないし、メールの返信もしない」

と声に出すのです。

正直に言うと、私にだって「あんな人とつきあいたくない」という相手はいます。

そういう人のせいで不快な思いをしたときには「あんな人に、どう思われたっていいわ！」と声に出します。ときには大声で叫びます。

もちろん本人に言うわけではなく、あくまでも自分一人のときに口に出すのですから、多少口が悪くたって構いません。

そう宣言することで、思考がクリアになり、迷いがなくなる効果があります。

声に出すのと同じく、紙に書くのもオススメです。

紙に書いて、毎日それを見れば、「そうだ。私は○○さんにはどう思われたっていいんだ」「あんなどうでもいい人に気を遣うのなんてやめよう」と気持ちを新たにすることができます。

人間というのは、頭のなかだけで物事を考えるより、**自分の声を耳で聞いたり、書いた紙を目で見たりすることで、より強く自分にインプットすることができます。**

これは暗記法と同じで、五感をたくさん使ったほうが自分のなかに入ってきやすいのです。

そうやって目や耳や口を使って自分の決意をより明確にしておくことは、あなたの心を防御することにもつながります。

まずは「自分にとって大切な存在か、どうでもいい相手なのか」を切り分けること。そして、それを声に出したり、紙に書いたりしておくこと。

一番よくないのは、どうでもいい人に気を遣い続けること、そして自分の決意を心のなかだけに留めて置いて、いつのまにか曖昧《あいまい》になってしまうことです。

どうしても話す必要があるときは、「分析モード」で考える

「スルー」が苦手な人々

「自分が絶対正しい」と主張する人との向き合い方で何よりも大事なのは「近づかないこと」、これに尽きます。

しかし、それが職場の上司だったり、親戚だったり、ご近所づきあいをしなければならない相手だったりするから、なかなかやっかいなわけです。

というのも、近づきたくなくても、近づかないわけにはいかないからです。

そこで次にオススメなのが「スルー」という方法です。

相手が何を言ってこようが、表面上は「そうですか」「すごいですね」「たいへんですね」と受け答えをしておいて、心のなかでは「はいはい、ごくろうさま」というく

らいの思いでスルーする。
これができれば、問題は九割解決したとも言えるでしょう。

「自分が絶対正しい」と主張する人の被害者になりやすいタイプは、概《がい》してこのスルーが苦手なようです。

感情で受け止めず、理論的に観察する

もっとも、「そんな相手はスルーすればいいんだよ」と言われて、すぐにできるくらいなら、誰も悩んだりはしません。

本書を読んでいる方のほとんどがスルーできないから、悩み、苦しんでいるのでしょう。

では、なぜスルーできないのか。

その最大の原因は、**「相手と同じ目線、同じ土俵で向き合っていること」**です。

たとえば、部下のやることにイチイチ首を突っ込む上司を思い出してください。

「オレの言う通りにやっているか」「ほら、オレの言った通りだろ」とすぐに言う人が

いたら、たしかに面倒ですし、腹も立ちます。
あるいは、近所のゴミ出しについて「ちゃんと分別してますか⁉」「収集車が来る時間が決まっているので、ゴミ出しは遅れないでくださいね」と毎日言うおばさんがいたら、その人の姿を見るだけでストレスになります。

なぜそんなにもストレスを感じるのかと言えば、相手と同じ土俵に立って、その状況を感情で受け止めているからではないでしょうか。

たいていの人は、ほとんどの出来事を感情で受け止めており、感情が揺さぶられます。

じつはこれが一番のストレスであり、心のダメージの源なのです。
そこでオススメなのが、本書で何度も述べている「分析ぐせ」です。
言い換えるなら、感情ではなく、冷静な客観的視点で状況を捉えて相手を観察するということです。

・この上司は、自分の影響力を確認したい完璧な自己愛型だな……
・このおばちゃんも典型的な自己愛型で「自分はきちっとした人間だ」とことさらにアピールしたいんだ

という具合に、あなた自身が「分析モード」に入れば、過度に感情が揺さぶられてストレスを感じることはなくなるでしょう。少なくとも軽減されるはずです。

本書ではこれまで「こんなタイプがいる」「加害者はこんな思考で、こんな行動をしがち」「被害者はこんな特性を持っている」と述べてきましたが、これらはすべて「分析に必要な材料」をあなたに提供するためです。

つまり、本書を読んできたあなたは「自分が絶対正しい」と主張する加害者および被害者に関する専門家。

少なくとも、普通の人よりは分析力の優れた人になっているわけです。

せっかく知識と視点を得たのですから、それをフルに活用して、周囲の人たちを分析しまくってください。

そうすれば、ストレスを軽減して、あなた自身のメンタルを守ることができるはずです。

「自分のせい」なんてことはほとんどない

「自分の責任」の多くは間違い

「罪悪感を抱きやすい人」は、「自分が絶対正しい」と主張する人の被害者になりやすいという話はすでにしました。

このように罪悪感を抱きやすいのは、自分の影響力を過大評価しているからです。

たとえば、自分が属するプロジェクトチームで何かしらの問題が発生した場合。その際、罪悪感を抱きやすい人は「自分の責任だ！」「自分がもっとちゃんとやっていれば、こんな問題は起こらなかったはずだ」と考えやすいようです。

その性格につけ込んで、「自分が絶対正しい」タイプの上司が「君が悪い」「君の責任だ」と責任を押しつけるわけです。

自分の影響力なんてたかが知れている

ここで一つ言っておきたいのは、「あなた一人のミスでチーム全体が窮地に陥るほど、あなたの影響力は大きくない」ということです。

たしかに、あなたがミスをしたのは事実かもしれません。

それに責任を感じるのは社会人として立派です。

ただし、その一方で**「すべて自分が悪い」と責任を背負い込むのは、「自分ががんばれば、物事はすべてうまくいく」という万能感の裏返し**でもあります。

たいていのことは、「一人でなんとかなる」わけではありません。みんなでフォローし合っているのです。

だから、「自分が悪い」「自分にすべての責任がある」という思考になりそうなときは、ぜひ「また自分の影響力を過大評価している」と自らを戒めてください。

あなたの影響力はそんなに大きくないと思っておくほうが、気が楽です。

相手へのイライラは、自分を見直すチャンス

「自分が絶対正しい」と思っているサイン

「自分が絶対正しい」と主張する人の言葉は感情で受け止めず、分析目線で観察する。

たしかにこれはとても有効な方法なのですが、そうはいってても反射的に「イラっ！」とすることはあるでしょう。

人間ですから、そういつも冷静ではいられないものです。

もちろん、私もそうなることはしばしばあります。

そもそも「自分が絶対正しい」という人は、押しが強く、こちらの話を遮《さえぎ》りますし、言葉の端々に「あなたのここは違う」「そこはそういう話じゃなくて……」と否

定的な言い方を織り交ぜます。

すると、どうしても感情的に反応しやすく、「イラっ！」とするのです。

そんなときにもう一つ知っておいてほしいことがあります。

あなたが「イラっ！」とするのは、**あなた自身にも「自分が絶対正しい」「自分の意見を押し通したい」「否定されたくない」という思いがあるから**です。

あんなにも嫌っていた「自分が絶対正しい」と思っている人に、自分もなってしまう危険性があることを、その場で思い出してください。

思わず「醜い張り合い」をしていませんか？

相手に「イラっ」としたときこそ、自分を見直すチャンスでもあります。

「私も、目の前の人と同じように『自分が絶対正しい』と主張しているのか……」

「自己愛を守りたいと思って、イラっとしているのかも……」

「そんな人間になってはいけないいな」

など、できる限りでいいので思い直してください。

きっとあなたも、何度も遭遇したことがあると思いますが、「自分が絶対正しい」と思い込んでいる人同士のやりとりほど、みっともなくて、無益なものはありません。

話はかみ合わないし、相手の話を遮ったり、相手の揚げ足を取ったりするばかりで、建設的ではないのです。

そんな馬鹿らしいやりとりをする張本人にならないためにも、「イラっ！」としたら、「自分はこんな人と同じ土俵でやりとりをしないぞ！」と自らを戒めてください。

もちろん完璧にはできませんが、ちょっと意識するだけでも感情をコントロールできるようになるはずです。

食事の席では、「私も同じものを」と言わない

自分の欲望を自覚しよう

「自分が絶対正しい」という人の被害者になりやすいのは、他人に依存する傾向が強く、「自分で決める」という意識が不足している人です。

これは、今までの経験や教育の影響のせいなので、「何でも自分で決めなさい」と言われて、すぐに実行できるわけではありません。

そこで一つのトレーニングとして、日頃から「自分の欲望を知り、それを口に出してみる」ことにチャレンジしてください。

まず、カフェや喫茶店に行ったとき「ご注文は？」と尋ねられて、一緒に行った人

たちが「私はブレンドコーヒーで」「私も」なんて返事をする場面を思い浮かべましょう。

そんなとき、**空気が読めて、他人に迷惑をかけたくないと思っている人ほど、「私も同じでいいです」と言ってしまいがち**です。

ですが、そこはほんの少しだけ勇気を出して「私はオレンジジュースをください」と自分が本当に飲みたいものを注文するようにしてください。

無理に他の人と違うオーダーをしなくてもいいのですが、他人に依存している人ほど「私は何でもいいので、みんなと同じものを」というふうになりやすいのです。

この「自分の欲望を知らない」「自分の欲望に興味を持たない」というのは、他人への依存の第一歩だと思ってください。

自分の欲望を知らない（興味がない）
↓だから、相手に合わせる（周囲の欲望を満たそうとする）

こういうことが常態化すると、「自分で決めない」「他人に依存する」傾向がどんどん強くなります。そして、そこに「自分が絶対正しい」という人がつけ込むわけです。

ですから、まずは「私は何が飲みたいんだろう？」「何がほしいんだろう？」と、きちんと自分に問いかけ、自分の欲望を知ることが肝心です。

そして少しだけ勇気を持って、それをオーダーする。

そんな些細で単純なトレーニングをするだけでも意識や行動は変わります。

自分で自分のことを決めるトレーニング

これは居酒屋へ行ったときも同じです。

居酒屋の場合、飲み物と一緒に食べ物もいろいろ注文するでしょう。その際にも、一つだけでいいので「自分の希望の品」を加える努力をしてみてください。

唐揚げでも、焼き鳥でも、漬け物でも何でも構いません。

「誰かが頼んだもの」「テーブルに運ばれてきたもの」を食べる習慣を改め、一つだけでもいいので「自分で選んで、オーダーする」トレーニングをするのです。

たかが居酒屋のメニューですが、そんなちょっとしたところから「自分の欲望に着目する」「自分で決めるという意識を持つ」「声に出す」という経験を積み重ねることがとても大切なのです。

裏返せば、**食事の席で自分の希望を一つも言えないようでは、職場やその他のグループで、自分の意見を言うことなどできるはずがありません。**

その結果、「自分が絶対正しい」と主張する人の被害者というポジションからいつまで経っても抜け出せないのです。

他人に依存し「自分で決めない」という生き方を何十年もしてきた人にとっては、居酒屋で「希望のメニューを一つ言う」という行為ですらなかなか疲れるでしょう。

でも、そんな日常的なところから少しずつ意識や行動を変えて、自分を慣らしていかなければなりません。

他人の言いなりになることで、楽をしない

自己評価の低い人ほど、「保険」をかけている

「自分が絶対正しい」と主張する人だけでなく、他人をすぐに攻撃する人、自分の利益を守るために他人を振り回す人など、いわゆる迷惑な人たちがターゲットとして狙うのは、簡単に言えば「自分の言いなりになる人」です。

役職、立場、力関係など他人の言いなりになる理由はいろいろありますが、やはり一番の要因は性格です。

そして、「他人の言いなりになりやすい人」に共通する特徴は、「自信がなく、自己評価が低い」という点です。

「なぜ、自信がないのか？」「なぜ、自己評価が低いのか？」にはいろいろな理由があるのですが、ここで着目したいのはそういう自信のない人が、じつは「保険をかけて、自分を守っている」ことです。

自己評価が低い、自己否定型の人は、「自分にはどうせできない……」「うまくいくわけがない……」と考えがちです。

そう思い込むにいたるまでには過去につらい経験があったのでしょうが、あえて厳しく言えば、そういった人たちは**「うまくいかなかったときの保険」をかけて、闘うことから逃げている**わけです。

たしかに、自信を持って「できます！」と言ってできなかったときよりも、「できないかもしれません……」「たぶん、私には無理です」と言っておいたほうが後々のダメージが少ないでしょう。

つまり、これも一種の自己防衛なのですが、そういう考え方が他人につけ込まれる要因になっているのですから、本当の意味で自己防衛になっていません。

その矛盾に、まずは気がついてほしいと思います。

他人の言う通りにして闘いから逃げている

「他人の言いなりになりやすい人」に話を聞くと、

「自分ばかりに損な役が回ってくる」
「都合のいい使われ方をする」
「なめられている」
「言い返さないと思って、責任を押しつけられる」

など、他人に対する文句がたくさん出てきます。

ある面ではそれも真実なのですが、その本人自身が「**言いなりになることで、楽をしている**」という部分があることも見逃してはいけません。

「相手の言う通りにする」という選択をすることで、うまくいかなかったときに「自分のせいではありません」と言い訳をすることができますし、「最初に私はできないと言ったのに、無理矢理にやらされた」と逃げ道を残すことができます。

他人の言いなりになることによって闘うことから逃げ、ある面では楽をしているのです。そのことを、ここではっきりと認識しておいてほしいと思います。

無理な依頼は99％受け止めて、1％交渉する

「今は無理ですが、明日までなら」と交渉する

では、具体的にどのように対処していけばいいのでしょうか。

これまでの人生で闘うことから逃げてきた人に「自信を持って闘いましょう」「他人の言いなりになって楽をするのはやめましょう」と言ったところで、すぐに実践できるわけではありません。

そこでオススメなのが「ちょっとだけ交渉する」コミュニケーション術です。

たとえば、上司から仕事を体よく押しつけられそうなとき、「〇〇さん、この仕事お願いね」と言われて、これまでは「はい」とそのまま受け止めていたはずです。せいぜい陰で「この忙しいときに、こんな仕事までできないよ！」「うまくいかなくた

って、知らないよ」と文句を言うくらいだったでしょう。

しかし、これからは**「ちょっと今、忙しいので明日まで待ってもらえますか？」と時間的な交渉を一つ加える**のです。

あるいは、「今、別の案件を抱えていて、全部はできないので、ここまででもいいですか？」と仕事の量やレベルについて、一つだけ交渉するという方法もあります。

そもそも身勝手な上司ほど、相手の忙しさなどお構いなしに軽いトーンで仕事を振っておいて、それでいて「まだできないの⁉」「こんなレベルしかできないの？」などの文句を後で言います。

そして、そのときに「別の仕事が忙しくて……」などと答えると、「言い訳するな！」とか「なら、なぜ最初に言わないんだ！」と文句を言うのです。

そんな状況を少しでも回避するためにも「ちょっと交渉」「部分交渉」をするのは本当にオススメできるコミュニケーション法です。

〝すべてを断るのではなく、一部を交渉する〟

これができれば、さまざまな場面で応用できるようになります。

ご近所づきあいでも、出たくもない会合に「私の代わりに出てくれない？」などと頼まれることがあるでしょう。

その場合も、今までだったら「ああ、じゃあ、わかりました……」と全面的に引き受けてしまっていたところを、「その日は16時から予定があるので、15時半までならよければ、代わりに行きますよ」と一つ条件をつけるのです。

すると、相手は「じゃあ15時半まででいいから、お願い」ということになるでしょう。そしたら、当日は予定があろうが、なかろうが、15時半になったら、「すみません、○○さんにお伝えしていた通り、ちょっと予定がありますから……」と言って早々に引き上げればいいのです。

「他人の言いなりになりやすい人」はぜひとも、この「部分交渉」を意識的に習慣づけてみてください。

部分交渉によってあなたの印象は確実に変化

「やりたくないこと、無理なことは断る」のも大事ですが、それができずに苦しんでいる人も多いでしょうから、ぜひともちょっとだけ交渉をしてみてください。

「○時までなら参加できます」
「今日は無理だけど、三日後までならやれます」
「一人では無理ですが、二人ならば可能です」
「全部は無理ですが、ここまでならやれます」
「○○さんがここをやってくれるなら、残りはやります」

などの言い方がうまくできるようになると、段々と自分の主張が言えるようになり、「言いなりになる人」から脱することができます。
すると、相手も「この人は自分の言いなりになる」という印象を改め、何でもかんでも押しつけようとはしなくなるものです。

「一つだけ教えてほしい」というポーズ

誰にでも効く「一つだけ」コミュニケーション

「自分が絶対正しい」という人とつきあっていると、こちらの意見を完全否定される場合がときどきあります。

上司に意見を言ったり、企画を出したりした際、「全然ダメ！」と何から何まで完璧に否定されてしまうわけです。

正直、かなりへこみますし、そこから立ち直るのもたいへんです。

そんなとき「いや、でも課長、この部分については……」とか「この資料を見てもらうとわかる通り……」とか、「なんとか理解してもらおう」「少しでも意見を変えてもらおう」と努力する人がけっこういますが、相手の精神構造から考えて、これは得策ではありません。

身も蓋もない言い方ですが、「自分が絶対正しい」と思っている人に「何かを伝えよう」「説得しよう」「わかってもらおう」としても、ほとんど不可能だからです。


そんなときに、ぜひとも試してほしいのが「一つだけ教えてほしいのですが……」という言い方です。

ここでのポイントは、文字通り**「一つだけ」と「教えてもらう」**ということです。

自分の意見や企画を完全否定する相手ですから、腹が立つのはわかりますが、そこはグッとこらえて「教えてほしい」というポーズを崩さないのが最大のポイントです。

「自分が絶対正しい」と思っている人はプライドが高く、人に教えるのが大好きです。

そんな相手の大好物をあえてぶら下げるのがこのやり方の最大の肝です。

「この企画をもう一度考え直してきますが、参考にしたいので、一つだけ良い点を挙げるとすれば、どこになるのか教えていただけませんか？」

こう聞けば、どんなダメ上司でもたいていは「まあ、この部分は悪くないけどな」とか「ここの着眼点はいいと思うけど……」と一つくらいは教えてくれます。

こちらが「教えてほしいのですが……」と大好物をぶら下げているからこそ、相手もちょっといい気持ちになって考えてくれるというわけです。

あなたは、心のなかでは「大好物に食いついてるよ」というくらいの気持ちでプチ悪人になりつつ、表面上は「ありがとうございます」と言っておけばいいのです。

「問い詰めモード」になってはいけない

ただ、こちらが「一つだけ良い点を教えてほしい」と頼んでも「良い点なんて一つもない」と意固地になって、何も言ってくれない人もたまにいます。

本当に困った人ですが、そんな人には良い点ではなく「理由」を聞くのも方法としては効果的です。

「企画がダメなのはよくわかったのですが、具体的にどのあたりが一番ダメなのか、ヒントを一つだけでも教えてもらえませんか？」

「どうしてダメだと思われるのか、その最大の理由を一つ教えてもらえませんか？」

こういう聞き方であれば九割方、何かしらの言葉を引き出すことができます。

「自分が絶対正しい」と思っている人に、自分の意見や企画を完全否定されたときには、「説得しよう」「わかってもらおう」「伝えよう」という発想は捨て、相手から引き出すというコミュニケーションに切り替えるべきです。

その際、一番大事なのは「教えてもらう」というスタンスです。間違っても「問い詰めモード」にならないように注意してください。

「自分が絶対正しい」と頑固に思い込んでいるような人ですから、論理的に破綻していることもけっこうあります。しかし、**その破綻につけ込んで、こちらから攻撃する**

と、「自分が正しいと思っている人同士の醜い争い」になっていくばかりでロクなことはありません。

だから、そこはプチ悪人になって、相手を小馬鹿にするくらいの気持ちで相手の大好物である「すみませんが、一つ教えてもらえますか?」をぶら下げるのが一番です。

こちらとしても、クドクドと理由を説明されるのはうんざりなので、「一つだけ理由を教えてください」という聞き方がベストでしょう。

そうやって相手の話を聞いているうちに、相手も機嫌が良くなって「まあ、君の意見もわかるけどな」「君の企画も、少し修正すれば、全体的には悪くないけどな」などという話になることもけっこうあります。

「言った、言わない」のトラブルを避ける二つの方法

火の粉が降りかかるのを防ぐために

ビジネスの現場でも、ときおり「言った、言わない」のトラブルが起こることがあります。

もっとも身近な例で言えば「上司から言われた通りにやったのに問題が発生した」というケース。

こんなとき、上司が「自分が絶対正しい」というタイプだったりすると、「そんなことは言っていない」としらばっくれるわけです。

「自分が指示した」ことがはっきりすると責任問題になりますから、それを避けるという意味では利得型ですし、「自分に非がある」ことを薄々感じているほど攻撃的に

なる点では否認型とも言えます。

いずれにしても、こんな上司と向き合っていると、あらぬ形で自分に火の粉が降りかかってくるようなことになりかねません。

こんな人との向き合い方としては、基本的には二つしかないと思います。

一つは**「文書、メールでやりとりをする」**こと。そして、もう一つは**「一対一にならない」**ことです。

本書で何度も述べている通り「自分が絶対正しい」と思っている人に、真実を伝え、考えを改めてもらうのは不可能です。

「だって、○○さんがそうしろって指示したじゃないですか」「○○さんの言われた通りにやっただけですよ」といくら泣き叫んだって、相手は「そんなわけないだろ！」「言い訳するな！」と言うだけです。

そうなってしまったらほとんど勝ち目はないのです。

だからこそ、そうなる前に「大事な指示を忘れてしまってはいけないので、一度メールでやりとりさせてください」と頼むなど、何かしらの文書にして共有しておくという対応策が必要です。

あるいは、「自分が絶対正しい」という人とは可能な限り一対一にならないようにして、第三者を交えてコミュニケーションをすることも大切です。

これで完璧に回避できるとは言えませんが、少なくとも予防策にはなるはずです。

自分に損得のない場合は、どんなに困った相手でも「はいはい、そうですね」と笑いながら、心のなかで「こいつは○○タイプだな」「また自己愛全開だなぁ」とプチ悪人になって分析していればいいのですが、自分に責任が降りかかってくるとなると、そう笑ってはいられません。

ときには「やっかいな奴」と相手に思わせることも必要

被害者になりやすい人には特に、人がいいとか、控えめとか、自己主張が苦手というタイプが多いので、そこを利用されやすいようです。

そうならないためにも予防策をしっかりとっておくべきです。

「言った、言わない」の問題で深刻な事態になる可能性があるなら、それこそICレコーダーを忍ばせておいて、会話を録音することもときには必要でしょう。

大げさなように思われるかもしれませんが、「自分が絶対正しい」という人のなかには自分の保身のために、信じられないようなことを平気で言い出す人も少なくありません。

そんな上司のせいで会社を辞めさせられたり、異動を命じられたりすることもあるので、自分の身は自分で守るという意識がやはり必要なのです。

「言った、言わない」の問題で、あなたにとって納得のいかない幕引きになったとしても、そのときには「○○さん、これからはこういう問題が起こらないようにメールでやりとりをするようにお互い気をつけましょうね」とか「お互いのために、第三者を交えて話すようにしましょうね」とか、**「お互いのために」と強調して、チクリと言う**ことも案外大切です。

もちろん、環境や状況、人間関係にもよりますが、ただ泣き寝入りしてしまうと「アイツは言い返さない」と思われ、その後も利用される危険性があります。

そうならないためにも、チクリとやり返して、少しでもファイティングポーズを見せておくことが必要です。

「自分が絶対正しい」と主張する人にとって「やっかいな存在」「面倒なヤツ」になることも、じつは大事な防衛策の一つなのです。

「あえて人を疑う練習」を積み重ねる

上司のアドバイスの裏を想像する

「自分が絶対正しい」と主張する人の被害者のなかには素直で、純粋な人が大勢います。

それ自体はすばらしいことなのですが、やはり「自分が絶対正しい」と主張する人と向き合っていくには「プチ悪人」になることも必要です。

迷惑をかける人のいない環境で育ち、他人を疑うことを知らない人にとっては、もう少し「イジワルな視点」を持つことも大事なのです。

たとえば、上司があなたに何かを教えてくれたとします。

その際、純粋で他人を信じやすい人は「○○さんは自分のことを思って教えてくれたんだ」「貴重な時間を使って、私が仕事をしやすいようにしてくれたんだ」「ありがたいなぁ」と思うでしょう。

じつにすばらしい反応です。

しかし、同時に「それで上司はどんなメリットを得るのだろう？」とか「上司は何を目的に、私に教えてくれたのだろう？」とイジワルな発想を持つことも、実際には必要なのです。

そんなことばかりを考えていると人間不信に陥って、性格が歪むのではないかと不安になるかもしれません。しかし、**「どんな人も心に毒を持っている」**ことを経験的に学ばなければなりません。

そうやって、人の言動を真正面からだけ受け止めるのではなく、斜《なな》めからも見ていくと、いろんな面が浮かび上がってきます。

「この人は教えることで、自分はスゴイ人間だって思われたいのかな？」

「じつは、けっこう承認欲求の強い自己愛タイプだな」
「私に仕事をやらせれば、自分が楽できるからだな……」

もちろん、あくまでこちらが勝手に想像しているだけで、これらがすべて真実だとは限りません。

しかし、そうやって相手の裏を探ることも、ときには必要です。

人を信じやすく、疑うことを知らない人ほど、プチ悪人になって、ときには斜めから物事を見るように心がけてください。

誰しも「心に思っていること」を話しているわけではない

そのトレーニングというわけではありませんが、テレビで芸能人や政治家が話しているのを観て、「裏にどんな思惑が隠れているのか」を想像するのもいいと思います。

口先では、立派なこと、正しいことを並べ立てながら、じつは自分の選挙と政党のメリットしか考えていない政治家なんていくらでもいるでしょう。

あるいは、何か大きな組織の代表としてテレビに出演している人は、自分の意見を言うのではなく、「組織としてこういう立場で発言しなければならない」というスタンスだけを守っていることが多いようです。

それが良いか、悪いかは別にして、人は誰でも「心の中で思っていること」をそのまま話しているわけではありません。

それを聞いている側も「どうせ、心のなかではまったく違うことを思ってるんでしょ！」と頭のなかでつぶやきながら「なるほど、すばらしいですね」などと、うわべだけのリアクションをしていることはよくあります。

そういう、**ある種の「お約束」で成り立っているコミュニケーションもあるので、もしあなたが一人だけ鵜呑みにしていたら、それこそおかしなことになる**のです。

素直で、純粋で、人を信じやすいのはすばらしいことですが、現実社会で生きている限り、そういった「毒」の部分ともうまくつきあっていかなければなりません。

だからこそ、ときにはプチ悪人になって、相手の裏を探ることも必要なのです。

悪口を言われないための努力をやめる

何をしても批判したがる人たち

「自分が絶対正しい」と主張する人の被害者になりやすいのは「他人の欲望を満たそうとする」タイプだということはすでに述べました。

この「他人の欲望を満たそうとする」人たちは、心のなかに「とにかく他人に悪く思われたくない」「悪口を言われたくない」という思いを秘めています。

誰だって悪口を言われたら、いい気はしません。

できることなら、悪口など言われたくないという心理が働くものです。

しかし、はっきり言ってそれは無理です。

どんなに周りに気を遣っても、相手のためを思って行動しても、他人の悪口を一切言わなくても、悪口を言われるときは言われます。

これぱっかりは、どうしようもない真実だと受け入れて、悪口を言われないようにする無駄な努力はやめたほうがいいでしょう。


以前、女優の宮沢りえさんが娘さんの入園式に100万円以上するシャネルのスーツを着て出席したことが話題になりました。

周りの人たちは「芸能人だからって、これみよがしに高価なスーツなんて着ちゃって……」「私は女優よって、言わんばかりでいやらしい」などと言いたいことを言うわけです。

では、もし宮沢さんが、私たちでも普段着るような、もっと手頃な値段のスーツやカジュアルな格好で登場したら、どうだったでしょうか。

おそらく結果は何も変わらないでしょう。

「あの人、自分がきれいだからって、あんなラフな格好で来るなんてTPOをわきまえてないいんじゃない!」

などと悪口を言われていたに決まっています。

知り合いの女性医師の例を挙げると、ある大学に勤めていたときに、たまたまテレビに出演する機会があったのですが、その出演後に「先生の診察を受けたい」という問い合わせの電話が大学にたくさんかかってきたことがありました。

受診希望の問い合わせは病院にしてもらわなければならず、大学では対応できないのですが、そのテレビ出演が大学の宣伝になったことも確かです。

そもそも彼女は「大学の宣伝になれば……」という思いから、テレビ出演のオファーを受けたのです。

ところが、何人もの大学関係者から「あんなふうにテレビに出られると、事務が対応に困る」「迷惑だ」という文句や悪口をけっこう言われました。

そうかといって、もし彼女が「勤めている大学名」を伏せてテレビに出演しようものなら「自分だけ有名になればいいのか！」「自分のことしか考えてないのか！」「大学への恩義は感じないのか！」と言われるわけです。

結局、何をしたって悪口を言われるのです。

悪口を言われているときこそ「分析ぐせ」を

あなたが「相手のためを思って」行動しても、その純粋な好意に対して「いい子ぶってるんじゃないよ！」「八方美人が一番嫌い」などと言われることもあるのです。

ですから、「悪口を言われないようにしよう」とがんばることだけは今すぐやめてください。

「悪口を言われないようにしよう」という発想を持つこと自体、「自分の努力次第で、人から悪口を言われない」と信じている何よりの証拠であり、それが裏切られたときに受けるショックも大きくなります。

はっきり言って、どんな人も悪口は言います。

あなたの前ではっきり言うこともあれば、陰でコソコソ言うこともあるでしょう。

でも、そんなときこそ客観的になって、相手を分析してみてください。

悪口を言うのは、多くの場合「相手を貶めることで、自分の価値を高めたい」という利得や自己愛が絡んでいるからです。また、「自分が悪口を言われたくないばっかりに、絶え間なく誰かの悪口を言い続ける」ような悲しいまでの否認型の人もいるでしょう。

そのように「分析ぐせ」を発揮して、少し冷静になって観察してみると、そんなに腹は立ちません。

否定ばかりの人には、褒め言葉をかける

「安心させてあげる」だけで相手の態度は一変

「自分が絶対正しい」と過度に主張する人の心のなかに巣食っている一番強い気持ちは、やはり「認められたい」というものです。

あなたの周囲を見渡してみてもわかる通り、すでにみんなから認められている人はわざわざ「自分は正しいんだ！」と過度に主張したりはしないでしょう。

結局、「みんなに認められたいのに認められていない人」が「自分が絶対正しい」と声高に叫んでいるわけです。

そのせいで周りはずいぶんと迷惑するのですが、この構造を理解すると対処法が見えてきます。

「自分が絶対正しい」と主張する人＝認められたいのに認められていない人

こんな困った人に対して、もっとも手軽で効果的なのは「認めている気持ちを表す」こと。

某企業に他人の気持ちを掌握するのがとても上手なリーダーがいます。あるとき、この人の部署に新たな部下（Mさん）が配属されてきました。

Mさんは30代前半の男性なのですが、異動してきてすぐに「前の部署ではこういうやり方をしていた」「この部署にはこんな問題があるから、改善すべきだ！」といろんなことを言い出したそうです。

本書でも紹介した「前の職場の良いところを持ち出して、現在の職場を最初から批判し、自分の価値を高めようとするタイプ」です。

そんな困った彼に対して、職場のリーダーは次のように話しました。

「Mくんの言うことはもっともなんだけど、みんなMくんほど優秀ではないから、これまでのやり方を急激に変えてしまうとなかなか対応できないんだよ。そこで申し訳ないんだけど、柔軟に対応する力を持った君のほうが、まずはこの部署のやり方に合わせてくれないか。その後で、みんながついてこられるスピードで、少しずつ改善箇所を提案してもらえないかな」

すると、Mさんは理解を示し、従来の方法で仕事を進めるようになりました。

じつに見事な人心掌握術ではないでしょうか。

このリーダーがやったこと、それは**「相手を安心させてあげた」**ことに尽きます。

Mさんは新しい職場にやってきて、自分が評価されるか、とても不安だったのでしょう。

その不安を打ち消すために「自分が絶対正しいんだ！」「自分は優秀なんだ！」とことさらにアピールせずにはいられなかったのです。

これは本当によくある行動パターンです。

このとき、もしリーダーがMさんに対して「偉そうなことを言うんじゃない！」「実績を出すのが先だろ！」などと厳しい対応をしていたら、どうだったでしょうか。

たとえリーダーの指摘がまっとうだったとしても、Mさんの不安はさらに増大したでしょう。そして、より攻撃的に「周りが間違っている」「オレは優秀なのになんでわかってくれないんだ！」という主張をしたはずです。

しかし、このリーダーは「君は優秀なんだから」という話し方をすることで、「私は君が優秀であることをちゃんと知っているよ」と伝え、相手を安心させたのです。

認めてもらいたい気持ちに、肩書は関係ない

Mさんのように「この部署のやり方は変えるべきだ！」と言い出さないまでも、新しい職場に異動してきたり、転職してきたりした人はとかく焦っているものです。

「一日でも早く自分の実力を認めてもらわなきゃ！」「できないヤツだと思われたらどうしよう……」という気持ちが強く、どうしてもアピール過剰になりがちです。

これは部下に限らず、上司でも同じことです。新しい課長や部長が赴任してくると、すぐに体制を変えようとしたり、自分のマネジメント方針を押しつけたりしがちです。

彼らもまた不安でいっぱいなので、「自分の力を見せつけたい」という思いが先に立つのです。

そんな人たちを相手にするのはたいへんですし、「なんだアイツ！」と腹が立つのもわかりますが、その気持ちをグッとこらえて、まずは相手を安心させてあげることから始めてみてください。

たとえば上司が無茶なやり方を押しつけようとする場合には、

「さすが、○○さんのマネジメント力はすごいですね。ちょっとすごすぎて、僕らは対応するのが精一杯ですよ。ですから、いきなり○○さんのレベルで仕事をするのは難しいので、少しレベルを落としてやってみようと思います。僕らでもできるやり方があったら教えてもらえませんか？」

といった言い方をすれば、さすがにその上司だって「いきなり高いレベルでやるのは無理だから、自分なりのやり方でじっくりやればいいよ」とか「まずは、こんなことから始めてみてはどうだ」と態度を軟化させるはずです。

あるいは部下に対してなら、

「君くらい力がある人なら、結果はおのずとついてくるから、そんなに急がなくてもいいからね。それより、何年か後にウチのエースとして活躍してもらいたいと思っているから、じっくりとウチのメンバーやお客さんのことを理解してね」

と言って、「君の力はわかっている」ことを伝えるのが一番です。

不安の裏返しで強がっている相手に対しては、「褒めて安心させる」という手法を心がけてください。

まさにイソップ寓話の『北風と太陽』と同じで、ファイティングポーズを取っている相手に対して、強く当たっても望む結果は得られません。

それどころか、ますます相手が頑なになっていくばかり。

そんなときほど、温かく、優しいコミュニケーションで、相手を和らげてあげることが必要です。

良好な人間関係を築くのが上手な人ほど、「相手を安心させる」のが巧みです。そうやって相手の心を掴み、信頼を得ているのです。

第4章のPOINT

▼「考え方→知識→行動」のプロセスで、被害を避ける方法を身につける。

▼〝被害者〟にも「自分が絶対正しい」という思い込みが認められることは少なくない。

▼相手からの無理なお願いにも、ちょっとだけ自分の考えを加えていくトレーニングを積んでいく。

▼何をしても批判や悪口は言われるので、悪口を言われないようにする努力は無駄。

▼あなたを振り回す相手をベタベタの褒め言葉で安心させることが、被害を防ぐ手軽な近道。

第5章

▼

あなたの中に潜む「自分が正義」と思う十五の条件

最後の第5章では、「日常の何気ない言葉」「行動パターン」「性格」「過去の経験」などから、あなたが「『自分が絶対正しい』と主張し、周りに迷惑をかける加害者」の〝予備軍〟かどうかを検証していきます。

これから紹介するさまざまなケースにおいて、あなた自身はもちろん、あなたの周囲にいる人を思い浮かべながら「私もこの傾向がある！」とか「あの人はまさにこのタイプだ」などとチェックしてみてください。

ただし、ここで挙げる点は、あくまでも〝予備軍〟であるかどうかです。

ここで紹介するケースに該当するからといって「即アウト」というわけではなく、「こういう行動パターンをとりがちの人は、こんな危険性を秘めていますよ」というものなので、そこは理解して読み進めてください。

もしも、自分に当てはまるものが多くても、自覚さえあればいくらでも防げるのです。

1▼すぐに理想を語りたくなる

「理想を語る」のは本来すばらしいことです。

チームのリーダーでも、経営者でも、政治家でも、理想を語ることは大切です。

ただし、理想は「たった一つの正解」にすり替わりやすいのです。

「理想＝○　それ以外＝×」というオールオアナッシングの思考に陥ってしまい、その結果「自分が絶対正しい」と主張するタイプになることはよくあります。

もし、あなたが「理想を語りたがるタイプ」だとしたら、なるべく意識して他人の意見に耳を傾けることをオススメします。

あなたの理想が唯一の正解なのではなく、「人それぞれ別の理想を持っている」ということも肝に銘《めい》じておくべきでしょう。

2▼常識・マナーに厳しい

このタイプも、「一つの正解に縛られる」という点で「自分が絶対正しい」と主張する可能性が高くなります。

常識やマナーを守ることはもちろん大切です。

しかし、その一方で「人それぞれ常識やマナーが違う」ことも理解しなければなりません。

余談ながら、以前私はコンビニエンスストアの店員さんから「1リットル入りの紙パックの飲み物を買ったお客様に、ストローをつけるかどうか、すごく迷う」という興味深いエピソードを聞いたことがあります。

よく牛乳が入っている1リットルサイズの紙パック。最近は、店舗によって1リットル用の長いストローを用意してあるそうですが、これをレジで「つけるか、つけないか」の判断が難しいそうです。

ストローをつけなかったら、あるお客さんから「ストローつけてよ、常識でしょ」と言われたらしいです。しかし、別のお客さんに「ストローをおつけしますか?」と尋ねたら、「1リットルのパックをストローで飲むわけないだろ!」と怒られたそうです。

これこそまさに**「人それぞれ常識が違う」**典型例。

そのほか「電車のなかで騒いではいけない」「お年寄りには席を譲るべき」「子どもは騒いではいけない」「歩きながらのスマホは危ない」など、あらゆる場面に常識・マナーは存在します。

しかし、すべての場面で、すべての人が「同じ常識」を持ち合わせているわけではありません。

あなたの非常識は、隣の人の常識かもしれないのです。

結局、大事なのは「自分の常識・マナーが必ずしも正しいわけではない」と理解することです。

そうすれば「自分が絶対正しい」という思考に陥らずに済むはずです。

3▼確固たる成功体験を持っている

「これで私は成功した！」「このやり方で、自分はずっとうまくやってきた！」という明確な成功体験を持っている人も、一つ間違えると「自分が絶対正しい」と主張するモンスターになりかねません。

その方法で成功してきたのですから「これが正解だ」と思い、その一つの方法にしがみつく気持ちもわかります。

しかし、時代は変化しているということも、理解しなければなりません。

そして同時に、**自分がうまくいった方法で他人もうまくいくとは限らない**ということも、忘れてはなりません。

きっとあなたの職場にも、「自分はこれでうまくいった」「だから、君も同じようにやりなさい」という論法で教えたがる上司がいるでしょう。

それ自体が間違っているわけではありません。しかし、そのときに少しでも「もしかしたら、部下にはもっといい方法があるかもしれない……」という意識を持てれば、「自分が絶対正しい」という加害者にはならずに済みます。

4▼学生時代からリーダー役を任されがち

学生時代、しばしば部長や委員長を経験してきた人も、やはり「自分が絶対正しい」という思考になりがちです。

もともと真面目で、正義感が強いタイプが多いので、どうしたって「こうするべき」「これをやってはいけない」という発想で物事を考えやすいのです。

加えて、「自分が指示を出して、他人を動かす」という経験を積み重ねてきたので、**知らず知らずのうちに支配欲求が頭をもたげます。**

団塊の世代が定年を迎え始めた頃から、一日中家にいる夫が妻にあれこれ指示をして、妻が大きなストレスを抱える「主人在宅ストレス症候群」という病気が問題視されるようになりました。

部長や委員長の話からはちょっとそれますが、じつはこれも「自分が指示をすれば、妻は何でもやってくれる」経験が積み重なって、夫の支配欲求がどんどん増大した結果なのです。

自分では意識していなくても、部長・委員長経験者、職場で高い役職を長く務めてきたような人は「他人を支配する」「他人を動かす」ことが日常的で、それが当たり前になっているので、やや注意が必要です。

5▼「自分の好み」を積極的に他人にすすめる

どんな人の周りにも「この映画、おもしろいよ」「この本、絶対読んだほうがいいよ」とやたらとすすめる人がいるでしょう。

そのほか「あのレストランはすごくおいしいから行ったほうがいいよ」「ハワイへ行くなら、このホテルがオススメだよ」などと言う人もたくさんいます。

いろんな情報を教えてくれるのですから、ある意味では便利で、ありがたい存在です。

ところが、このタイプも一歩間違うと、お節介で、うっとうしい人になりかねません。

彼ら、彼女らに共通しているのは**「自分はすでにこの本を読んだ」「こんなおもしろい映画を知っている」「私はおいしい店をたくさん知っている情報通だ」と主張したいという思い。**まさに自己愛型の典型です。

洋服や小物などを一緒に買いに行って「これカワイイから買いなよ」「すごく似合ってるよ」と強くすすめる人も、突き詰めれば「センスのいい自分」をアピールしたい自己愛型と言えるでしょう。

そのほか、自分の馴染《なじ》みの店に友だちを連れて行って、そこの店主から「いつも、ありがとうございます」などとあいさつされることに優越感を覚えるとか、「友だちを連れてきてくれる、ありがたいお客様」という一つ上の立場に昇格することを無意識のうちに望んでいる場合もあります。

私の知り合いにも「服を買いに行こう」と言って、やたらと馴染みの洋服店に誘う奥様がいますが、彼女の場合も「お客様を連れてきてくれる、ありがたいお客様」と店員から評価されることがとても心地いいわけです。

「自分の好みを他人にすすめる」のは、当人にしてみれば親切心からなのでしょうが、やはり一度は冷静になり「本当に相手はこの情報を求めているのか?」「もしかして、迷惑がっていないかな?」とチェックすべきです。

6▼流行に敏感でいたい

「自分の好みを人にすすめるタイプ」と重なる部分が多いのですが、「流行に敏感な人」も、「自分が絶対正しい」と思い込む危険性が高いタイプでしょう。

「センスのいい自分」をアピールしたいという思いも当然あるのですが、「新しいものを知っている」「自分はすでに経験済み」ということに優越感を覚えるわけで、特権意識を持ちたいわけです。

・iPhoneでも・iPadでも新しい商品が発売されるとなると、何日も店頭に並んでゲットしようとする人がいます。

もちろん、なかには「純粋に早く使いたい」人もいるでしょうが、発売日に入手した人ほど、商品写真をSNSにアップしたり、使った感想をブログに書いたりして、積極的に「もう買ったよ！」「使ってみたよ」とアピールします。

つまり、**一番大事なのは「早く手に入れること」「使うこと」ではなく、「それをみんなに伝えること」**なのです。

村上春樹の新刊が出たときも、いち早く読んで、アマゾンのレビューを書き込むことに夢中になっている人がいますが、これも同じで「早く読んだ」という事実よりも「それをみんなに発表すること」「その結果として得られる優越感」に大きな満足感を覚えるのです。

本人が個人的に満足しているうちはもちろん何の害もないのですが、こういう人のなかには「オマエ、まだ読んでないの？」「まだ経験してないの？」と上から目線であれこれレクチャーし、自分の価値観を強要する人がいます。

まさに優越感を振りかざしたいわけですが、こうなると非常に迷惑で、やっかいな存在になってしまいます。

7▼他人の学歴がとても気になる

「あなたはどこの大学出身？」「あの人は東大出てるから賢いよね」「名もない大学だったら行く意味ってあんまりないよね」などとやたらと学歴を気にして、人をカテゴリー分けしたがる人もけっこういます。

これにはいろんな要因が絡んでいるのですが、その張本人が「過去の栄光にすがっている」ことがけっこう多いように感じます。

バリバリ活躍している人は、「どこの大学を出たか」とか「高卒か、大卒か」なんてことはあまり気にしません。まさに今、能力を発揮し、活躍できていれば過去なんて関係ないからです。

しかし、**現在思うような活躍ができず、満足のいく評価を得ていない人ほど「自分**

は一流大学を出ている」という点を誇示します。

結局のところ「一流大学はいい、それ以外は悪い」と決めつけることで、自分の価値を高めたいだけです。

もし、学歴をやたらと重視する人に出会ったら、心のなかで「この人、現状がけっこう苦しいんだな……」という視点で分析してみてください。そうすると、腹が立ちません。むしろ、かわいそうな人に見えてくるでしょう。

8▼「勉強ができる＝仕事ができる」ではないと思う

学歴をやたらと気にするのとは対照的に「学歴なんて関係ない」「勉強ができるからといって仕事ができるとは限らない」と声高に訴える人もいます。

もちろん、「勉強ができる人」と「仕事ができる人」は必ずしも一致しません。

しかし、それをわざわざ強調する必要があるでしょうか。

わざわざ訴えるのは、そこに否認と羨望の心理が潜んでいるからです。

「自分には学歴がない」という事実を否認したいがために、「学歴なんて役に立たない」と主張せずにはいられないのです。

コンプレックスに由来する否認と羨望は、学歴に限らず、どんなところでも見られます。

容姿にコンプレックスがある人は、「きれいな人ほど性格が歪んでるよね」と喧伝《けんでん》するでしょうし、「自分は頭が悪い」と思い込んでいる人は、「頭がいい人の話は理屈っぽくてつまんないよ」と賢さを否定的に語ることが多々あるでしょう。

あるいは、経済面でコンプレックスがある人は「あの人は、ブランド品ばっかり身につけてるけど、かえって下品よね」「お金だけが幸せじゃないもんね」などと言うでしょう。

あなたの周りにも、コンプレックスからくる否認と羨望が見え隠れする人がけっこういるはずです。

コンプレックスがある人ほど、それを否認したいばっかりに「これは絶対正しい」「これは間違っている」と極端な思考に陥りやすいと言えます。

余談ながら、私の知り合いにも、美人がいると「あの人はきれいだけど、会社経営者の愛人らしいわよ」と貶めたり、お金持ちに対しては「あの人の会社、陰では脱税しているのよ」などとまことしやかに語ったりする人がいます。

じつに困ったタイプですが、そんな人と向き合うときは、話の内容は適当に聞き流して「この人はコンプレックスが強くて、否認と羨望が出ちゃってるんだなぁ」と分析するようにしています。

そうやって客観的に見つめていれば、案外気にならないものです。

9▼親との関係がうまくいっていない

親との関係で現在問題を抱えているとか、かつて抱えていたという人は、やはりさまざまな面でトラブルを起こしがちです。

「自分が絶対正しい」とする加害者になる場合もあれば、被害者になる場合もあります。

やはり一番多いのは、「親の過干渉のせいで子どもが自立できない」（同時に親も子離れできない）という問題でしょう。

そのほか、親が自分の価値観を強制しすぎたせいで、それに子どもが反発して関係がギクシャクするケースもありますし、表面的には良好な関係に見えても、子どものほうは「いつも親の期待に応えようとして、苦しかった」「一日も早く家を出たかった」と語るケースもあります。

このような親子関係で育った子どもは**「親の欲望を満たそうとすること」を日常的に繰り返してきた**ので、「自分が絶対正しい」と主張する人に対しても、つい「相手の欲望に応えよう」として、被害者になりやすいのです。

親と子の関係については「父親と母親の役割分担が曖昧になってきた」という社会的な傾向も大きく影響していると私は感じます。

霊長類学・発達心理学の専門家である正高信男氏が『二人目の母親になっている日本の男たち』（主婦の友社）という著書で指摘されているように、近年は多くの父親が「母親と同じように育児をする」という意識が高まっているため、父性と母性の差が徐々になくなりつつあるようです。

たとえば、ひと昔前ならば「しっかり勉強して、いい学校に入りなさい」と教育熱心な母親がいたとしても、「そんなに勉強ばっかりしなくていいから、もっと外で遊んでこい」なんて言う父親がいて、それなりにバランスが取れていました。

しかし、最近は良くも悪くも夫婦が同じような価値観で、同じような方針で、同じような接し方をするので、子どもにしてみれば、それが「正しい生き方」「正しい価値観」になっていくのも無理のない話です。

父親と母親の価値観がバラバラで、言い争いの絶えない家庭も問題ですが、せっかく男女の親がいるのに、同じ価値観しか子どもに示してあげられないというのも、それはそれで問題だと私は感じます。

幼少期に一つの価値観にしか触れていないと、「それが正しい＝その他は間違っている」という考え方が自然に形成され、ひいては「自分が絶対正しい」という立場から逃れられません。

これらの問題を「親との関係がうまくいっていない人」と一括りにすることはできませんが、子どもの頃の生育歴や親との関係が思わぬ形で表れることはしばしばあります。

10▼損得勘定を隠そうとする

第1章で紹介したタイプのなかに「利得型」というのがあるので、「損得勘定で物事を考える人」こそ、「自分が絶対正しい」と主張する加害者になるような印象を与えたかもしれません。

たしかに「損得勘定にうるさい人」が利得型になる可能性は否定できません。

しかし、むしろ逆に「損得勘定を隠そうとする人」のほうが危険性は高いと私は考えています。

たとえば、街角でおいしいコーヒーを無料で配っていたとします。

ここで、損得勘定で考える人は「無料でもらえるなんてラッキー！」「私ももらいに行こう」と言ってすぐに行動するでしょう。

そして、もらってきた後、「この味で無料なんてスゴイよ」「○○さんも行けばよかったのに」などと言うかもしれません。

若干うっとうしいタイプであることはたしかですが、もっとやっかいなのは「自分の損得勘定を隠そうとする人」です。

この手の人は、本当は無料のコーヒーをもらいたいのに、**「無料だからって、並んでまでもらおうなんて……」「ああいう態度って品がないよね」「今後も商品を買わせようとするメーカーの思惑がわからないのかなぁ」などと否定的な言葉を並べ立てます。**

まさに否認と羨望の構造ですし、他人が手にしたブドウはすっぱいと決めつける「すっぱいブドウ」の論理でもあります。

端的に言えば、「見えっ張り」で「カッコつけたがり」なのです。

何でもかんでも損得勘定で考える人も困りものですが、自分も本当はほしいくせに見えを張って「あんなものはくだらない」「そんなことをする人は卑《いや》しい」と言う人はさらにやっかいです。

そういう人に限って「自分は正しい＝相手は間違っている」という論理で、自分の価値を高めようとするので要注意です。

11▼何事にも潔癖症気味

潔癖症気味の人の場合も「自分が絶対正しい」と主張する加害者になる可能性があります。同時に、被害者になる可能性も秘めています。

単に「きれい好き」というのであれば、とりたてて実害はないのですが、やはり潔癖症気味の人は完璧主義になりやすく、物事をオールオアナッシングで考える傾向が強いのです。

そのため、礼儀正しいとか、時間に遅れないとか、約束を守るとか、概して「しっかりした人物」になりやすいのですが、その**「潔癖さ」「正しさ」を相手にも求めるようになる危険性を同時に持ち合わせています。**

潔癖症気味の人がみんなそうだというわけではありませんが、その傾向があることは認識しておいたほうがいいでしょう。

潔癖症気味の人は、テレビやエアコンのリモコンをテーブルの上にきちんと並べておかないと気が済まないという話をよく聞くでしょう。

それ自体は別に構わないのですが、他人が使った際、その並び方が崩されると嫌な気分になったり、「きちんとかたづけてよ!」と言いたくなったりする人ほど、「自分の正しさを主張したい」「相手にも強要してしまう」というふうになりやすいのです。

12▼「〇〇なんて信じられない!」が口ぐせ

人の価値観は言葉に表れます。「〇〇なんて信じられない」「△△に決まっている」と連発する人は、やはり「自分が絶対正しい」と思い、自分の意見を他人に押しつけようとする傾向が強いでしょう。

「プレゼントをもらったら、お礼のメールくらいするに決まってるだろ」「お年寄りが電車に乗ってきたら、席を譲るのが当たり前でしょ！」「異性がいると態度が豹変《ひょうへん》するなんて信じられない」という具合に、いろんな場面で価値観を強要するのですが、この種の表現を連発する人は、結局は自己愛が強いのだと考えられます。

相手のことを「○○なんて信じられない」「△△に決まってるでしょ」と貶めることによって、**「一方私はちゃんとしている」「私はそんなに非常識じゃない」と暗に主張したい**のです。

「常識・マナーに厳しい人」のところでも述べましたが、この種の人たちは「自分の価値観も常識観念も100％正しい」と思い込んでいて、それに少しでも反する人は「あり得ない」「信じられない」というわけです。

価値観なんて人それぞれなのですが、間違ってもこの種の人たちに「価値観って、人それぞれじゃないか‼」などと反論するのはやめましょう。

余計な火の粉があなたに降りかかってくるだけです。

13▼有名人と知り合いであることを自慢

このタイプは明確な自己愛型に分類できます。

結局のところ「有名人と知り合いである自分ってスゴイでしょ！」「うらやましいでしょ！」と周囲に言いたいわけです。

本書でもすでに述べたように、有名人との2ショット写真をSNSやブログにアップするのは、「認められたい」という承認欲求が強いからにほかなりません。

第三者の権威を借りて、自分の価値を高めたいのです。

「有名人と知り合いだ」と自慢するだけでなく、「部長の○○さんも同じ意見だった」「有名なコンサルタントの○○さんが講演で話していた」「有名な経済学者の本に書いてあった」などと主張するのも、いろいろな権威を持ち出して自分を底上げするためでしょう。

これもすべて悪いというわけではなく、プレゼンのテクニックの一つでもあるのですが、他人の権威を借りてばかりいるのは、**自分に自信がなく「個人の力では何もできない」からでもあります。**その点は少しだけ注意をしておいたほうがいいでしょう。

その証拠に、自分が有名な人は「私は有名人と知り合いなのよ！」とは自慢しないはずです。

もはや自分の価値を高める必要なんかないからです。

14▼横文字や専門用語を多用

あなたの周りにも、何かと横文字や専門用語を使う人がいるでしょう。

「賛成する」と言えばいいのに「部長にアグリーもらって」と言ったり、「競合相手」のことをわざわざ「コンペティター」と言ったりする人たちです。

業界によっては、その種の言葉を使ったほうが伝わりやすいという面もあるでしょうし、海外生活の長かった人は単純に英語のほうが馴染みがあって、自然と英語が先に出てくることもあるでしょう。

この種の人たちは除外するとして、わざわざ横文字や専門用語を使う人は、これもまた権威を借りて自分の価値を高めようとしているわけです。

有名人と知り合いであることを自慢するのと同じ構造です。

このタイプは自己愛が強いので、「自分の正しさを周囲に認めさせようとする」加害者にももちろんなりますが、**その反面、「業界のスゴイ人」「有名な人」に出会うと「あの人は本物だよ」「本当に〝スゴイ人物〟だよ」と一気に信じ込んでしまいます。**したがって、被害者になりやすいタイプとも言えます。

元来、自分に自信がないので、ちょっとでもその〝スゴイ人〟に認められると、子分のように媚《こ》びへつらうようになるわけですね。

その結果、内容のまったくない高額セミナーに参加したり、ＤＶＤを購入したりするなど、詐欺まがいの商法にひっかかる可能性もあるので、やはり注意が必要です。

15▼メールの返信がやたらと早い

このタイプは「メールやLINEは早く返信しなくちゃいけない!」という意識を持ち、それを実行しているのですから、基本的に真面目な性格で、やや神経質なところがあると言えるでしょう。

そのうえ、「早く返信しないと相手が嫌がる」という気遣いをするあたりは、「相手の欲望を満たそうとする」という〝被害者〟になる条件にも該当します。

さらに突き詰めて言えば、「相手に嫌われたくない」「文句を言われたくない」という不安や恐怖の感情も抱いています。

LINEなどに代表されるメッセージアプリが流行して以降、「既読スルー」の問題が大きく取り沙汰されましたが、「スルーできない文化」は非常に窮屈で、怖いと私は感じます。

そもそも、「既読スルーはダメ!」というのは、社会全体が「メールやLINEが届いたら、すぐに返信するのが正しい」という価値観を押しつけているようなものです。

つまり、社会そのものが「自分が絶対正しい」と主張する迷惑な存在になっているのです。

メールやＬＩＮＥをすぐに返す人もいれば、なかなか返さない人もいる。

そんなゆとりを社会全体で持つことが必要なのだと、私は思います。

とはいえ、若年世代の間だけでなく最近は大人同士でも、メールやＬＩＮＥをやらないわけにはいかず、やるからには「それなりのルール」に従うことを求められます。

そのルールに従わないと、コミュニティからはじかれてしまう場合も少なくありません。

せめて本書を読んでくださっているあなたくらいは、メールやＬＩＮＥを送信した後「既読になっているのに返事が来ない！」「もう数時間も経っているのに、何のリアクションもない」と**苛立ったり、相手を非難したりしないように心がけてくださ**

い。

それこそ「自分が絶対正しい」と主張し、自分の価値観を相手に強要しているのと同じだからです。

あなた自身が「自分が絶対正しい」と主張する加害者にならないためにも、「相手には相手の事情やペースがある」ということをぜひとも理解してあげてください。

おわりに
あなたが「プチ悪人」になるために

「自分が絶対正しい」と思い込んでいる人と向き合うと、本当に困ってしまいます。精神科でも、治療が一番難しいのは、妄想を正しいと信じ込んでいて、自分が病気だという自覚、つまり「病識」のない患者さんです。

たとえば、ある男性は「自分は湯川秀樹の息子だ」という妄想を抱いていました。その根拠として、「湯川秀樹は瞬きしない。自分も瞬きしない。だから自分は湯川秀樹の息子だ」という三段論法を展開するのですが、どう見ても前提が間違っています。

しかし、いくら周囲から「そんなはずはない」と言われても、本人は正しいと思い込んでいました。

つまり、「病識」がなく、そのため何度も入退院を繰り返していました。

入院中は薬を服用しているので、妄想がおさまっているのですが、退院してしばらくすると服薬を勝手に中断するせいで、妄想が再燃して再入院することになるからです。

外来に通院していたときも服薬を勝手にやめていたようで、毎週診察のたびに分厚い大学ノートを持参して「論文を書いたので京都大学に送ってくれ」と私に要求しました。

自分の父と思い込んでいる湯川博士の母校である京都大学に「論文を送ってくれ」と要求するのは妄想世界のなかでは筋が通っているのでしょうが、周囲は閉口するだけです。

ただ、こういう場合、妄想を否定しても無駄で、むしろ事態を悪化させるだけでしょう。

たとえ現実離れした内容であっても、本人が真実だと確信していて、訂正不能なのが妄想ですから、周囲がいくら「違う」と言っても、本人は全然聞きません。

たとえば、ある女性は、「隣の人が私を追い出そうとして、わざと大きな騒音を立てている」と訴えて、外来を受診しました。

周囲が「そんなはずはない」と繰り返し説明しても、全然聞かなかったようです。

この女性は、幸か不幸か、「騒音のせいで眠れない」ことに悩んでいたので、「不眠の治療」のためと説明して薬を処方したら、服用するようになりました。

騒音は幻聴のようでしたが、それを伝えても、「はっきり聞こえているのに、幻聴のはずはありません」と反論されそうでしたので、幻聴のげの字も口にしませんでした。

治療のために必要な薬を飲んでもらうために、ときにはこういう作戦も必要なのです。

もっとも、「病識」がないので、薬を飲んで眠れるようになると、勝手に通院も服薬もやめてしまいました。

すると、今度は体がビリビリするようになったと訴え、再び外来を訪れました。

体がビリビリするというのは体験幻覚の症状なのですが、この女性は、隣人が電気をかけているせいだと思い込んでいたようで、アパートの管理人さんのところに「電気をかける機械を撤去してほしい」と苦情を言いに行ったらしいのです。

もう一度薬を処方して、きちんと飲んでくださるようになってから、その症状は改善されたのですが、この女性は「薬が効いたから」とは受け止めませんでした。

「夜中に体がビリビリして目が覚めたんです。私が『やめて！』と大声で怒鳴ったら、盗聴器を通じて隣に聞こえたのか、それ以来体がビリビリすることはなくなりました。だから、やはり隣がやっていたんだと思います」

とおっしゃるのを聞いて、私は唖然《あぜん》としました。

こういう人は、「自分が絶対正しい」と思い込んでいるので、他人の意見を一切聞きません。

いいえ、聞けないんです。

荒唐無稽《こうとうむけい》な妄想内容を聞いて唖然とした相手が口をつぐんでしまうと、むしろ「やはり真実だから何も言えないんだ」というふうに、自分に都合よく解釈するようです。

妄想なんて、自分とは無縁だとお思いになった方が多いでしょう。

でも、「自分が絶対正しい」と確信していて、周囲の人間を振り回したり、余計な仕事を押しつけたりするようなタイプは、どこにでもいるのではないでしょうか。

たとえば、ある金融機関の支店長は、店内に落ちていた一円玉を部下に命じて警察に届けさせました。

「金融機関なんだから、お金に関して間違いがあってはならない。後からお客様が、一円玉が落ちてなかったかと探しにいらっしゃったら、どうするんだ」というのが、その理由らしいのですが、そんな客ってはたして実際にいるのでしょうか。

「一円を笑う者は一円に泣く」と言いますから、一円だっておろそかにはできませんが、いい年をした男性が一円玉を届けに来たとき、警官も面食らったのではないでしょうか。

おまけに、三ヶ月経っても持ち主が名乗り出なかったので、わざわざ受け取りに行ったらしく、この話を人から聞いた私は吹き出してしまいました。


この行員さんは、その支店に勤めていて、毎日支店長から細かく注意されたり、叱責されたりして、眠れなくなったということで、外来を受診しました。

支店長がどれだけ細かいかということを示すエピソードとして話してくれたわけです。

彼は、ハンコがちょっと斜めについていただけで、支店長から三十分以上ガミガミ言われたり、付箋を貼る位置がちょっとずれていただけで、付箋の貼り方について一時間以上も説教されたりして、疲れ果てていました。

他の行員さんも困っていたようですが、「正しいことをきちんと実行」が口ぐせの支店長を前にすると、何も言えなくなってしまうらしいのです。

支店長は、間違っているわけではなく、あくまでも正しいことをやろうとしたのですが、はた迷惑ですよね。

こういう人を変えられるなどという甘い幻想は抱かないほうがいいでしょう。

「話せばわかる」という言葉を信じて、ていねいに説明しても、時間とエネルギーの無駄に終わる可能性が高いと思います。

ですから、「はじめに」で述べたように、「いい人」であることをやめて「プチ悪人」になってください。

「プチ悪人」になるにあたって大切なのが「分析ぐせ」です。

本書で身につけた知識を生かして、あなたの周りの人たちを分析しまくってください。

私なんか、「あの人があんなことを言うのは、利得が絡んでいるからだな」とか、「あの人があんなふうに振る舞うのは、自己愛が強いからだな」というふうに、いつも分析しまくっています。

そのおかげで、「自分が絶対正しい」と思い込んでいる人に振り回されずに済み、心穏やかに毎日を過ごしています。

まあ、ちょっと分析しすぎかもしれません。

最近は「分析したがり症候群」にかかっているのではないかと自分を分析してみることもあります。

ただ、これは職業柄やむをえないことでもあるので、みなさんは分析しまくるくらいの気持ちでいらっしゃったほうがいいのではないでしょうか。

最後まで読んでくださった読者のみなさま。

どうか、この本をあなたの人生を支える一冊としてそばに置いて、「自分が絶対正しい」と思っている人との関係を、うまく改善していってほしいと願っております。

2019年8月

片田珠美

本作品は小社より2015年4月に刊行された『「自分が絶対正しい!」と思っている人に振り回されない方法』を改題し、再編集して文庫化したものです。

片田珠美（かただ・たまみ）

広島県生まれ。精神科医。大阪大学医学部卒業。京都大学大学院人間・環境学研究科博士課程修了。人間・環境学博士（京都大学）。パリ第八大学でラカン派の精神分析を学び、DEA（専門研究課程修了証書）取得。精神科医として臨床に携わり、その経験にもとづいて、犯罪心理や心の病の構造を分析。『他人を攻撃せずにはいられない人』『子どもを攻撃せずにはいられない親』（PHP新書）、『怖い凡人』（ワニブックスPLUS新書）など著書多数。

だいわ文庫

「自分《じぶん》が正義《せいぎ》」の人《ひと》に振《ふ》り回《まわ》されない方法《ほうほう》

著者　片田《かただ》珠美《たまみ》

二〇一九年九月一五日第一刷発行

発行者　佐藤靖

発行所　大和《だいわ》書房

東京都文京区関口一―三三―四　〒一一二―〇〇一四

電話　〇三―三二〇三―四五一一

フォーマットデザイン　鈴木成一デザイン室

本文デザイン　荒井雅美（トモエキコウ）

本文印刷　新藤慶昌堂

カバー印刷　山一印刷

製本　小泉製本

ISBN978-4-479-30781-5

乱丁本・落丁本はお取り替えいたします。

http://www.daiwashobo.co.jp